À mes licornes... maman, Thibaut, Philippe...
et bien sûr mon Léocorno et ma Marylicornette.

私のユニコーンたちへ。
ママン、ティボー、フィリップ。
そして我が愛しの、
レオリコルノとマリリコルネットに。

Merveilleuse licorne
Mythes & legendes d'une creature mysterieuse

First published in French by Rustica, Paris, France – 2020

This Japanese edition was produced and published in Japan
in 2021 by Graphic-sha Publishing Co., Ltd.
1-14-17 Kudankita, Chiyodaku,
Tokyo 102-0073, Japan

Japanese edition creative staff
Translation : Hanako Da Costa Yoshimura
Text layout and cover design : Tomomi Mikozawa
Editor : Saori Kanasugi
Publishing coordinator : Takako Motoki (Graphic-sha Publishing Co., Ltd.)

ISBN978-4-7661-3522-0 C0076
Printed in China

神秘の
ユニコーン事典

～幻獣の伝説と物語～

Sommaire
目次

Petit dico des néologismes de la licorne

ユニコーンに因んだ
フランス語の俗語、言い回し

Licornesque リコルネスク：

「ユニコーンのような」「ユニコーンらしい」の意。
皮肉やどこかズレたニュアンスが込められることもある。

Licornien, licornienn リコルニアン：

「ユニコーンに関する」の意。

Licornette リコルネット：

ユニコーンを信奉する女性。

Unicorning ユニコーニング：

ユニコーンの被り物を着けて撮った写真を投稿する
インターネット上の現象。

Licorno-mania ou licorne-mani
リコルノマニアあるいはリコルヌマニア：

ユニコーンに似たあらゆるものに執着する風潮。

Licorne-addict リコルヌアディクト：

ユニコーンの熱狂的なファン。

Introduction
はじめに

私たちを魅了してやまないユニコーンは、何世紀にもわたり人々の心や、建築や、文学や、紋章や、タペストリーの中を縦横無尽に渡り歩いてきました。この神秘的な生き物は中世の人々の想像の中において特別な位置を占め、キリスト教、秘教、宮廷恋愛、恐れ、夢を華やかに彩りました。けれどもその歴史はさらに古く、すでに古代には一角を備えた動物にまつわる逸話が確認されており、非常に古い伝説にユニコーン神話の端緒が見られるとする説もあります。もちろん、生まれつき（突然変異）あるいは人工の角を持つ動物が、人々の想像を刺激したであろうことも忘れてはなりません。

私たちの目には奇異に映りますが、昔の人々は、ユニコーンは実在していて、その角には大いなる力があると固く信じていました。角は法外な高値で取引され、ヨーロッパ各国の王族が競って所有し、垂涎の的となりました。この何とも大それたインチキは一時衰えを見せますが、19世紀になると灰からよみがえる不死鳥のごとく、ユニコーン熱も再燃します。

ユニコーンは実在するか否かという論争は、現実主義によって決定的に終止符を打たれましたが、それでも謎は残ります。世界各地に伝わる伝説についての謎、そしてユニコーンの本質についての謎です。

手の届かない事物のシンボル、不可思議の象徴、魔力を持ったきらめく巫女。ユニコーンはあらゆるものに関する絶対的至高であり、そのたてがみには、ほんの少しの無邪気さと、子ども時代へのノスタルジーと純粋さが混じっています。

昔の人々はユニコーンの角には解毒効果があると信じていましたが、現代のユニコーンは、存在そのものが、くすんで冷たく困難な世界の暗さや悲しみを溶かし、よりよい世界への夢の扉を開いてくれています。

ユニコーンは時を経て、姿を変え、成長し、洗練され、様式化され、今日の姿 ──アイコン（une icône：ユヌ・イコーヌ）──となったのです。

CHAPITRE I

Les métamorphoses de la licorne

ユニコーンの変容

ユニコーンを想像してみましょう。何が思い浮かぶでしょう。細くて尖った角の生えた優雅な白馬? こうした容姿はユニコーンの定番ですが（子どもの世界ではポニーの場合も）、昔からそうだったわけではありません。

たくさんのシンボルを担ったこの神秘的な動物には、決まった容姿はなく、そのイメージも1つに留まりません。古代の資料には様々な姿のユニコーンが描かれていますが、それらの源泉となっているのが、アジアの奥地から商路を通じて伝わった話です。その後、これらのイメージは中世の著述家たちに受け継がれましたが、あまりに多様で、真実を追求しようとする研究者たちの目をくらましてしまうほど。真実は1つではなく、様々なことが収斂し、語り継がれ、歪曲、変化し続ける多くの異なる解釈のまとまりからできているのです。ユニコーンは時代や文明と共に変容を遂げ、移り変わりゆくいくつもの価値観、夢、信仰を担っているのです。

Une quête jusqu'à l'Indus

ユニコーンを探してインダスへ

西暦の始まる数千年前のインダス文明に一角動物の痕跡がある、と唱える大胆な説があります。この太古の文明には、一角を備えた生き物の存在を示唆する様々なヒントがあるというのです。例えば、紀元前4200年から2000年の間に岩に彫られた一種の絵文字には動物が描かれていますが、その中の1つは水牛のようにがっちりしていて、角が1つ生えています。古代の絵は横から見た姿で描かれているので、それが本当に一角なのかは確認できません。けれども小ぶりな彫刻作品――これは立体です――でも、一角の動物が見られます。こうした神話の図像には、一角風に髪を結い、瞑想中のヨガ行者のような姿勢の人間も描かれており、シヴァ(ヒンドゥー教の神、ヨガの守護神)の前身と考えられます。

1本の角を持ち、突進する動物の像。紀元前206年頃、漢の時代。

研究者たちはこのような図像から一歩踏み込んで、インダス文明とインドのヒンドゥー教とを結び付けて考えました。仏陀の前世ともされる一角獣エーカシュリンガ（リシュヤシュリンガとも）の伝説はその一例で、伝説によれば、方々を歩き回り、瞑想し、森で動物たちに囲まれて暮らす神秘主義者がレイヨウ（ウシ科の大部分の種を含む生物のグループ）と交わり、超自然の力を持つ一角の生えた子が生まれたとか。この話はヒンドゥー教の聖典の1つ『マハーバーラタ』などの古い文献に記されており、一部の識者からはユニコーン伝説の原点の1つと見なされています。

インド文化はアジア広域に普及し、中でも日出ずる国日本には、一角と不思議な能力（不死など）を持つ隠遁者の話が伝わっています。不思議な能力は、女性に魅了されると失われてしまいます。この神秘的な隠遁者は一角仙人（いっかくせんにん）と呼ばれ、文学や伝統芸能でも取り上げられました。「能」と呼ばれる伝統芸能は、14世紀から15世紀の音楽を伴った作品を原型とし、最も伝統的な形式では1幕ないしは2幕で、会話や歌や舞と共に繰り広げられます。舞台装置も登場人物も衣装も能面もきわめて形式化されています。一角仙人にヒントを得て書かれたのが、中世末期の『一角仙人』で、伝統的な能面の1つでもあります。

イスラム圏初期の動物寓意譚の1つ『動物の特徴についての本（*Kitab Na't al-hayawan*）』より。
アリストテレスの記述をもとにした中世の作品。

Première trace écrite : une créature à la corne multicolore...

最初の記録：カラフルな角を持った生き物

現在知られているユニコーンに関するヨーロッパ最古の記述は、ペルシャ王に仕えた紀元前5世紀の医師兼歴史家クテシアスの残した記述です。『インド誌（*Indica*）』の著者である彼の記述は断片的にしか残っておらず、後世の著述家たちにより再構成されましたが、自らの経験に基づいた情報のほかに、人づてに耳にした伝聞も収録されています。伝説の動物たちの存在についても言及していますが、その中に白い体に薄紫色の頭部、青い目と額の中央に多色の一角を持った動物がいます。こうして「モノケロス（一角獣）」が人類の記録に初めて登場しました（古ギリシャ語で、モノケロスは「1本だけの角」の意）。

「（中略）馬ほどの、いやもっと大柄な野生のロバがいた。体は白く、頭部は薄紫色で、目は青みがかっていて、額には長さ1クデ（約50cm）の角が1本ある。額から手のひら2つ分ほど角が立ち上がっている。下の部分は純白、真中は黒、上は美しい緋色で、先は尖っている。角は飲み物を入れる壺として用いられ、これで飲んだ者は痙攣やてんかんになることも、毒殺されることもない。毒を飲む前でも後でも、水やぶどう酒や何らかの液体をこの角に入れて飲めばよいのだ」

クテシアス『インド誌』より

1世紀、古代ローマの博物学者、大プリニウスの
記述は、後年、特に中世の多くの本で引用されました。
「インドで最も人になつかない動物と言えばモノケロスだ。
体は馬で頭は鹿。ゾウのような足とイノシシのような
尾を持ち、低い鳴き声を上げる。額の中央には長さ2クデ(約100cm)
の黒い角が1本ある。生け捕りにされることはないそうだ」

大プリニウス『博物誌』8巻31章

博物学者ヨハネス・ヨンストン『鳥獣虫魚図譜』(1652年、アムステルダム)から。ユニコーンの複数の姿が描かれてる。

La zhi, une ancêtre chinoise

古代中国のジー（廌）

ユニコーンはインドからアジアの国々、さらには中国へと旅し、様々な話に登場するようになりました。古代中国のジー（廌）はユニコーンの祖先のような生き物。メスで、羊の体を持ち、茶色く、長く大きな角が生えていて、その姿は、紀元前2000年以上も前の占いで使われていたという骨に刻まれています。

2本の角が並んで生えていますが、横顔で描かれることが多いので、1本にしか見えません。ジーの資料は、現存するユニコーンの図像が登場する1000年も前に途絶えてしまいましたが、両者の関係は実に興味をそそります。

時代は下って紀元前500年頃になると、空や鳥の様子から前途を告げる占いが盛んに行われるようになります。漢の時代（紀元前200年頃から西暦200年頃まで）には、一角動物もこうした占いに使われるように。濃い縞模様で、頭を下げて角を突き出している姿はジーと奇妙なほど似ています。有罪か無罪か、悪か善かを判断する能力があるこの動物（獬豸）は、裁判所の両側に置かれ、正義のシンボル、公正な裁きと治世者の公明正大さの擁護者。角を突き出して突進する姿は墓石の浅浮彫り（石に浅めに彫り込んで立体的に描く手法、ローレリーフ）にも描かれ、永遠の命

寺院や象徴的な場所の入り口には、麒麟が番人として配されることが多い。

麒麟(きりん)は善良な交配種。パリ、ギメ東洋美術館の収蔵品より。

と結び付いて、墓場を守っています。

ユニコーンのヒントはチベットにもあります。チルーと呼ばれる動物は山羊やレイヨウに近く、現地の人々により捕獲されて、角が西の国々にまで取引されていました。けれども横から見ただけでは、一角なのか2本目の角が隠れているのかわからず、どうしても疑いは残ります。何しろ19世紀になるまで、チベットには実際にユニコーンがいると信じられていたのですから。

中国の麒麟（きりん）（チーリン）は、ジーやサイ（犀）の影響を受けたと考えられます。アジアの伝説に登場する動物で、様々な姿の記録や図像が残されていますが、鹿のようでもあり馬のようでもあり、牛のようにずんぐりもしていて、ウロコや毛に覆われています。角は2本の場合もあれば、1本だけの場合もあり、鹿の角のよう。俗に「竜馬」とか「中国の一角獣」と呼ばれ、縁起がよく、知恵、正義、調和、多産などあらゆる吉相に結び付いています。地のシンボルでもあり、繁栄と平和をもたらします。公共の場や寺院などではおなじみで、中国ではこの動物の出現は縁起がよく、繁栄の時代の到来を告げていると考えられていました。

麒麟（きりん）は中国の一角獣とも呼ばれ、おそらくジーの影響を受けていると考えられる。繁栄と知恵の強力なシンボル。

Licorne préhistorique : un rhinocéros géant ?

先史時代のユニコーン：巨大なサイ？

インドサイを描いた非常に古い資料。
インドサイは人々の想像をかきたて、
ユニコーンの先駆けになったと考えられる。

神秘的なユニコーンの起源をさらにさかのぼることはできるのでしょうか。古生物学者たちが発見した「シベリアのユニコーン」と呼ばれる一角動物の化石は、すでに19世紀初頭には同定されて、「エラスモテリウム・シビリカム（*Elasmotherium sibericum*）」の学名が付されました。人類の出現よりずっと前、35万年前の更新世（地質時代区分の1つ。約258万年前〜1万年前）の氷河期に絶滅したと考えられていましたが、近年、カザフスタンで頭蓋骨が発掘され、ロシア、トムスク州立大学の研究者たちは2万9000年前のものと推定しました。角は見つかりませんでしたが、現代のサイの角もケラチン（タンパク質の1つ。石化しないで消滅する）でできていることを考えれば、当然かもしれません。

発見された個体たちは特に北東アジア（現在のロシア、モンゴル、中国北部）などの、大地が完全には氷に覆われなかった地域で寒さを

しのぎながら生き残ったようです。

太古からユニコーンへの幻想をかきたててきたと思わしきこの動物は、どのような姿だったのでしょう。どうやら優雅な白馬というよりも、巨大なサイに近かったようです。高さ約2メートル、体長4メートル、体重4トン。角の長さ約1.5メートル。先史時代の人間はこの屈強な一角動物を実際に目にし、狩りの対象としました。その姿は人々の記憶に刻み込まれ、口承や絵などで長い間伝えられてきました。さらに古代の中国の人々は、先史時代の化石は龍のもので、魔力があると信じ、治療に用いました。周の時代（紀元前1046年頃〜紀元前256年）には、サイの角が特効薬、とりわけ解毒剤として広く使われていたようです。

La licorne médiévale, un bouc équin

中世のユニコーン：馬のような山羊

一角動物がヨーロッパに登場するのは中世になってからのことですが、中世の動物寓意譚に大きな影響を与えた古代の教本『フィシオロゴス（*Physiologus*）』（p.21参照）ではすでに言及されています。幅広い人気を博したこの書物によれば、その生き物は仔山羊ほどの大きさで、おとなしく、温和。けれども、狩人を寄せ付けない力を持っていたとか。ユニコーン伝説は『フィシオロゴス』で確立し、以降何世紀にもわたって語り継がれていくことになるのです。

一角を備えた生き物は中世における最も重要な幻想動物となり、ルネサンス時代まで不動の地位を保ちました。人々はこの動物の存在と角の魔力を固く信じ、角は高額で取引されました。中世のユニコーンは山羊と羊と小鹿が混ざったような生き物で、体格は羊に近く、青い場合もあれば、

16世紀のペンとインクを使ったデッサン。マニュエル・フィレスとアンジェロ・ヴェルジェティオのものとされる『動物の性質について（*De animalium proprietate*）』から。

素晴らしく長い角を持つモノケロス。13世紀の動物寓意譚から。

黄土色、茶色のことも。羊毛のような毛に覆われ、顎には小さなヒゲが生えていて、角はたいてい短く、まっすぐに伸びていました。

　その後、ユニコーンの体の色は時代と共により淡くなり、ほぼ白くなりましたが、これには、中世において白は純粋さ、処女性のシンボルとされ、イエス・キリストと結び付けられていたことが関係しています。角は長くなり、渦を巻くように。ルネサンス時代になると、体がほっそりとして、馬に近くなります。体の大きさは仔馬ほどになりましたが、山羊のような姿だった頃の蹄（ひづめ）やヒゲは残りました。

　18世紀にはユニコーンへの関心が薄れはじめ、19世紀にはその存在はあまり顧みられなくなりますが、20世紀になると人気が復活します。かつての姿から解放されたユニコーンは、優雅で魔力を持った大きな白馬としてファンタジーや人々の空想の中に登場し、私たちの無意識の中に刻まれたのです。

À LA SOURCE DU « PHYSIOLOGUS »

『フィシオロゴス(*Physiologus*)』とは

『フィシオロゴス』は共著作品と考えられ、49種類の生き物を幅広く紹介しています。実在の生き物もあれば超自然の動物、恐ろしい姿のもの、突飛な生き物、ありえないような動物も。それぞれに絵が1枚と文章が付され、その生き物の特徴がキリスト教的観点から説明されています。2世紀のギリシャ語の著作で、自然史の知識の集大成とも言えますが、つねにキリスト教的道徳観が織り込まれていました。貴石についての章も含まれ、動物寓意譚を書く上での貴重な情報源、インスピレーション源であり、中世の人々の想像力をかきたてて、豊かにしたのです。

Fabuleux bestiaires et récits de voyageurs

素晴らしき動物寓意譚と旅行記

11世紀以降、中世の動物寓意譚はヨーロッパ中に普及し、ライオンやゾウ、サイやキリンと並び、ユニコーンも広く紹介されました。当時の人々にとって動物寓意譚は、自分たちが決して行くことのないであろう遥か遠く、海の向こうに生息する生き物たちの生態を教えてくれる唯一の情報源だったのです。中世のヨーロッパ人から見れば、ライオンやキリンやゾウは日常とは遠くかけ離れた存在。遥か地の果て、自分たちの想像を超越した木や花や人間が生きる別世界の土地になら、ほかの動物たちに交じってユニコーンも実在しているかもしれないと信じたのも無理はありません。

マルコ・ポーロ『東方見聞録』より。15世紀のマザリーヌ装飾写本工房による図版。

16世紀の外科医アンブロワーズ・パレによる海の一角獣の図。

中世末期から大航海時代にかけて、冒険家たちからは様々な見聞が寄せられました。中には一角を持った不思議な生き物を見たという証言も。非常に詳細な描写も加わって、混乱が巻き起こりました。マルコ・ポーロもユニコーンを目撃したそうで、ゾウよりも小柄で何とも醜く、動物寓意譚を読んで想像していたのとは似ても似つかない姿だったそうです。けれども、彼が目にしたのは単なるサイだったのではないでしょうか。大冒険家たちの旅行記は、人々の異国趣味や超自然への想像力を刺激しました。旅行記によれば、世界各地で一角動物が目撃されており、その姿も名称も様々だったとか。こうした冒険譚は、当時発展し始めていた百科全書や事典の情報源ともなりました。

ユニコーン狩りの様子。ただし角は2本ある(ピラスピと呼ばれる)。
1582年刊行のアンブロワーズ・パレ『ミイラ、毒、一角獣およびペストに関する説』から。

16世紀に入ると、ユニコーンの存在自体に疑問が投げかけられるようになります。そうした懐疑論者、「不信心者」の代表が、国王専属の医師兼外科医アンブロワーズ・パレです。近代外科の父でもあるパレは、ユニコーンの話は直接の目撃証言ではなく、報告された情報に基づいていることを指摘しました。1582年には『ミイラ、毒、一角獣およびペストに関する説』と題した論文で、ユニコーンの記述にはところどころにありえないような差異が見られるとし、角の薬効の信頼性を批判して、その実在について疑問を呈しました。彼の議論は、後世の合理性、科学、実験を重んじる啓蒙思想の到来を予感させます。パレは著書の中で、角とやらを用いて実験を行ったが、治癒効果は一切認められないと記しています。その後、ユニコーンの存在を信じる一派（その先頭に立ったのが薬剤師たちで、ユニコーンの角から作られたきわめて高利潤の特効薬を使い続けられるかどうかは、彼らにとって死活問題でした）と、ユニコーンは伝説の生き物に過ぎないとする「不信心者」たちの間で激しい論争が繰り広げられました。結果的には、実在を示す証拠もなければ、実在しないことの証拠もありません。けれども、聖書では確かに言及されている上に、アフリカ中央部など、未知の生物が生息するかもしれない未踏の地も残っています。一角動物の実在に対する疑問は高まる一方でした。パレは持論を曲げることはありませんでしたが、医師、伝統を支持する保守派、聖職者たちから圧力をかけられて、後退を余儀なくされ、「すべての人が信ずべき聖書の権威にかかわらず、私はユニコーンの存在を信じない」との慎重な結論を出しました。

17世紀末、いわゆるユニコーンの角なるものの真相が解明され、ユニコーン実在派にとどめの一撃が下されました。以降、ユニコーンは純粋に神話上の動物、象徴的な生き物と見なされています。ただし19世紀に、最後のユニコーン狩りが行われたという報告はありますが……。夢を見る権利は誰にでもある、ということでしょうか。

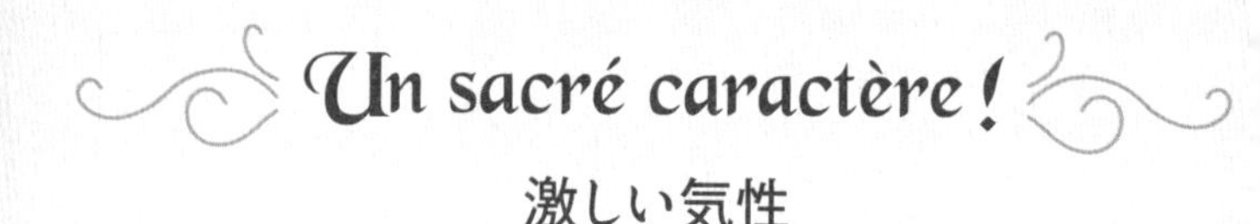

Un sacré caractère !

激しい気性

ユニコーンは気性が荒いことでも知られています。中国の麒麟(きりん)はおとなしくて縁起がいいとされていますが、古代ヨーロッパのユニコーンは人見知りで、手に負えない孤独な動物として描かれています。

ユニコーンは捕獲されるぐらいなら、断崖の上から身を投げて死ぬ方を選ぶことさえあるとされますが、一説によると、高いところから落ちても強力な角が守ってくれるのだとか。16世紀のスイスの医師でもあり錬金術師でもあるパラケルススは、病はそれに似たものにより治癒すると論じています。

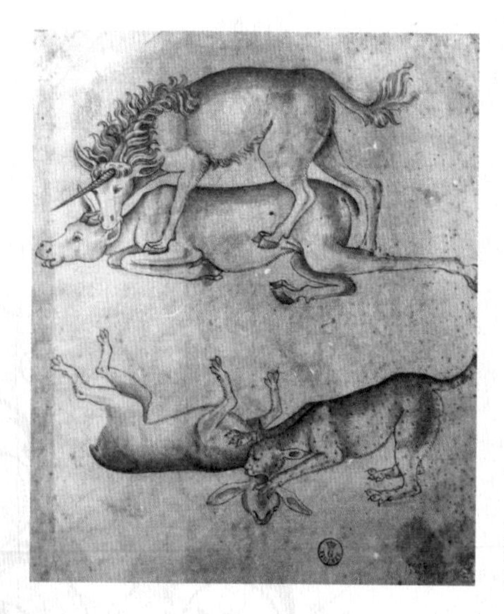

レオナルド・ダ・ヴィンチによる動物デッサン。ユニコーンは、獲物を狙うヒョウのような獰猛な動物として描かれている。

追い詰められたユニコーンの姿。タペストリーシリーズ『ユニコーン狩り』から。
これらの作品はイエスの受難と受胎告知を象徴している。

その論に従えば、ユニコーンの角自体に毒が含まれているからこそ、毒を退ける力があるということになり、究極的には、危険な毒を持つユニコーンも危険で気性が荒いということになります。何しろ、ゾウを攻撃しようなどという気を起こす唯一の生き物なのですから。キリスト教はユニコーンを取り入れてその性格に手を加え、純粋性、清らかさ、優しさの象徴としました。

CHAPITRE II

Par la toutepuissance de la corne

全能のユニコーン

あらゆる時代、地域に登場するユニコーン。唯一の共通点は、もちろんその角です。実在の動物か神話上の生き物か、白か栗色か、馬のような体格か雄山羊のような体格か、ウロコに覆われているのか毛が生えているのか、それらすべては二の次で、額の中央に突起物が付いてさえいれば伝説のユニコーンということになります。角そのものがユニコーンのすべてを象徴しているのです。「一角（ユニコーン）」の名称自体がその証拠。かつて使われていた「モノケロス（Monokeros）」の名称は、古ギリシャ語で「1つだけの角を持つ」を意味し、ラテン語の「ウニコルニス（unicornis）」、フランス語の「ユニコルヌ（unicorne）」、英語の「ユニコーン（unicorn）」、ドイツ語の「アインホルン（einhorn）」、ポルトガル語やスペイン語の「ウニコルニオ（unicórnio）」、オランダ語の「エーンホールン（eenhoorn）」となりました。ただしフランス語の「ユニコルヌ」は、1つの角を持つすべての生物を指すので、サイなど実在する動物もこれに含まれます（現在はフランス語でユニコーンは「リコルヌ（licorne）」）。

マテウス・プラテアリウス『単純な薬の本』より。15世紀の写本の挿絵で、ユニコーンが水を清めている。

De corne en corne

いろいろな角

昔から、ユニコーンの角はあらゆる形で描かれてきました。長い角、短い角、まっすぐな角、曲がった角、すべすべした角、螺旋の角、太い角、細い角。その姿も角も実に多様性に富んでいたため、長い間ユニコーンには複数の種類がいるのだと信じられていました。こうした外見は19世紀までに、少しずつ1つの形にまとまっていきます。

才気煥発で既成概念にとらわれない16世紀フランスの人文主義者ラブレーの描くユニコーンには、角が動くというユニークな特徴があります。ラブレー曰く、角は普段は七面鳥のとさかのように垂れていて、喧嘩のときや特定の目的があるときに、「ピンとまっすぐに」立ち上がります。実はこの特徴は古代にまでさかのぼり、アリストテレスも、角を耳のように揺らすことのできる牛について記述を残しています。それでもラブレー独特の筆致には、別の突起物を思い浮かべずにはいられません。

16世紀の大著『万物宇宙誌』の版画。世界を記述することを目的とした本で、
1550年にバーゼル（スイスの都市）で刊行された。

Vraies-fausses cornes et fausses-vraies licornes

「本物の」偽角と「偽の」本物ユニコーン

その昔、動物や人間の「異常」は魔法が原因だと考えられていました。地域によって、不吉とする文化もあれば、縁起がいいと考える社会もありますが、この「異常」がユニコーン神話に奥行きを与えたことは確かでしょう。自然界に目を向ければ、通常なら角は2つなのに、3つないしは1つだけの角の個体が生まれることがあります。

2013年、イタリア、フィレンツェ近くの自然保護地で、一角のノロジカが見つかりました。驚くべきことに、このノロジカの一角は額の横ではなく、中央に生えていたのです。こうしたことは先天性異常にはよくあることですが、このノロジカの場合は、遺伝的な異常か外傷が原因と考えられます。というのも、母ジカが妊娠中に交通事故に遭ったことがわかっていて、この母ジカの第2子には角が2つあったからです。一角のノロジカには「ユニコーン」という名が付けられました。昔の人々は、先天性異常を持つ野生動物を見て想像を膨らませ、それが何世紀もかけて超自然の生き物や奇跡と考えられるようになったのかもしれません。

一方、18世紀の探検家で鳥類学者のフランソワ・ルヴァイヤンなど、かつてアジア（ヒマラヤやネパール）やアフリカの一部地域を旅した人々からは、現地での習慣が報告されてきました。ルヴァイヤンは、アフリカ旅行に触発された著作も残しており、牡牛の角を歪める方法を紹介しています。つまり、人工的に一角動物を作れるというのです。

2つの角を1つにする習慣は、シャーマン（巫女や祈祷師）の儀式や豊穣信仰と関連し、群れのボスが対象にされていたようです。しかも変形さ

額の真中に一角の生えたノロジカ。非常に稀だが、自然に一角動物が生まれうるという一例。

せられた動物は、自分は他者とは違うことを意識しているかのように、尋常ではない行動を取るという説もあります。

20世紀アメリカの研究者、生物学者ウィリアム・フランクリン・ドーヴは、飼育動物の選定、特に牛の一角の生成について研究を行いました。その一環として、角となる「角の芽」を採取し、山羊や羊や仔牛の額の中央に2本並べて移植しました。すると2本の角は1本に融合し、より大きくて頑強な一角となったのです。こうして誕生した一角動物の1つが一角牡牛「ユニブル」です。群れにおけるユニブルの行動を観察した結果、ほかのオスにちょっかいを出されることはほとんどなく、ものを起こしたり持ち上げたり、柵の下を通ったりするなど、特定の場合に一角を用いることがわかりました。

1980年代になると、牛を使った実験でユニコーンが再び注目を浴びるようになります。ティモシー・ゼル（復興異教徒主義の影響を受けて全世界教会を設立し、「オッター・グゼル」「オベロン・グゼル」と呼ばれた人物）と彼の妻は一角の雄山羊を作ろうと、ドーヴ博士の手法を用いました。神話や神秘思想に傾倒するゼルは、一角雄山羊のグループを率いて、中世のお祭り風のイベントや、SF愛好者の集会や、ニューエイジフェスティバルに参加しました。しかしそのうちの一頭を、アメリカの有名なリサーカス団体リングリング・ブラザーズ・アンド・バーナム・アンド・ベイリー・サーカスに売ったため、メディアから非難され、ユニコーン活動には終止符が打たれました。

LANCELOT, LE BOUC UNICORNE

一角雄山羊、ランスロット

1980年代、リングリング・ブラザーズ・アンド・バーナム・アンド・ベイリー・サーカスではランスロットという名の一角雄山羊が見世物にされ、世界に一頭だけしかいない本物のユニコーンとして大々的に宣伝されました。しかし抗議活動が起こり、外科手術を受けたことが調査で判明すると、ユニコーンはポスターから姿を消しました。ランスロットはゼルの作り出した動物の1つで、ドーヴの実験的技術の被害者とも言えます。1985年の『シカゴ・トリビューン』紙によれば、かけだしの魔法使いまがいのゼルは、サーカスの件が明るみになると表舞台から姿を消したそうです。

サーカスのユニコーン、ランスロット。
一角はゼルの外科実験による作り物だとされる。

Toute la vérité sur la corne

角についての真実

長い間、角こそがユニコーンの実在を示す、動かすことのできない明白な証拠だと考えられ、時の権力者から民衆まで、誰もがユニコーン実在論の煙に巻かれました。けれどもこの「本物の偽角」の正体は何なのでしょう。ほとんどの場合、海に住むクジラの仲間、イッカクの額角です。けれども中世の動物寓意譚や、それらの原典である『フィシオロゴス』、大プリニウスの著作などの古代資料には、イッカクの影も形もありません。これら資料の理論は、地中海地域南部に生息する実在の、あるいは想像上の生き物に焦点を当てています。イッカクはその額角が浜に流れ着いたり、ヨーロッパにまで流れてきたりしたことはありましたが、長い間人知れず生息していました。16世紀になって旅人たちが海に乗り出すと、馬のような頭

イッカクは人知れず生息していたが、発見後もはっきりしたことは長い間不明だった。しかしその角は、不正にもユニコーンのものとして取引されていた。

やアザラシのような顔をして長い角の生えた不思議な両生類を見たという証言が寄せられるように。17世紀には同定されますが、その体の構造は未知のままで、海のユニコーンと考えられていました。

本物のユニコーンの角として取引されていた小さな破片（実のところ、ゾウやセイウチの牙）は、大きな角に比べれば多少は安かったものの、それでも高額であることに変わりはありません。誰がこうしたものをユニコーンの角と偽ってヨーロッパに輸入していたのでしょう。おそらく船乗りや商人が北極圏など北方地域で、ナイフやハサミや鏡などの実用的なものと引き換えに、現地人から「海のユニコーン」の角を仕入れていたと考えられます。

LA SUPER CORNE DU NARVAL
イッカクの素晴らしき角

1965年にハドソン湾会社総裁からオクスフォード大学に贈られたユニコーン（イッカク）の角。

イッカクのラテン語名「モノドン・モノケロス（Monodon monoceros）」は、地上に暮らすモノケロスを連想させます。イッカクはクジラ目（もく）に分類され、絶滅の危機に瀕する希少動物。北極海に生息し、名の通り角が一本生えていて、その長さは3メートルに達することも。これは左側の切歯が長く伸びたもので、右から左へと（反時計回り）螺旋状に巻いており、オスが繁殖できる年齢になるまで伸びます。個体によっては2本角のものも。

中世末期からルネサンス時代にかけては、ユニコーンの全角なるものがきわめて希少な商品として珍重されており、これを贈ることは大変な敬意の印とされていました。

D'incroyables vertus médicinales

驚異の薬効

ユニコーンの角に薬効があるとの説は中世よりもっと以前、少なくとも古代にまでさかのぼります。すでに紀元前3世紀にはインド王の宮廷に派遣された使者メガステネスが、『インド誌（*Indica*）』の中でカルタゾオン（Kartajans）と呼ばれる現地のユニコーンの一種について言及しており、毒の特効薬として角が使われていると述べています。クテシアス（p.12参照）もユニコーンの角の素晴らしい薬効について、「この角を使ってものを飲むだけで、1日中あらゆる病気から守られ、怪我にも苦しまず、苦もなく火の上を歩き、猛毒も恐れるに足りない。この杯を使えるのは王だけで、野生のロバを狩ることができるのも王だけだ」と書いており、2世紀の著述家ピロストラトスも『テュアナのアポロニオス伝』でこの論を引用しました。

早くも14世紀には、解毒したり水を清めたりといった角の効果が広く知られ、様々な文書や多くの図像でたびたび取り上げられました。特に図像はキリスト教と結び付いて、水を清める効果を描いています。角は非常に希少な品であり、絶えず毒殺の危険にさらされていた中世では、国王の最も価値ある財宝と考えられていました。国王、王子、修道院長、司教、教皇までもが、毒や病気から身を守ろうと、この究極の薬を所有していたとか。もちろんフランス宮廷でも使われていて、食事や飲み物の中に毒が入っていないかどうか、角を使って確認していました。もし角から煙や雫が出てきたら、毒がある印。角の破片がはめ込まれた皿やグラスには解毒作用があり、フランス王の食卓のカトラリーは、柄の部分が魔法の素材で作られていたとか。毒を盛ったことが露見するのを恐れる者の間では、ユニコーンの角自体が毒殺を思いとどまらせる抑止効果を発揮していたのです。

20世紀、アンドリュー・ホワットの版画。中世の、ユニコーンの角なるものの粉末の売買の場面。

La preuve par l'expérience

経験による論法

フランス、ブリサックの領主はヨーロッパでも屈指のユニコーンの角を自慢にしていました。16世紀の複数の話の伝えるところでは、領主はその薬効を評価しようと、医学博士、国王専属外科医、薬剤師同席のもとある実験をしたそうです。実験では、2羽のハトに毒を飲ませて、1羽には角から作った薬を飲ませ、もう1羽には何もしませんでした。すると魔法の解毒剤を飲んだハトは助かり、解毒剤を与えられなかった哀れなハトは死んでしまったのです。現在では、生き残ったハトの飲んだ解毒剤は、純粋に力学的に作用して、毒が完全に体に回る前にこれを防いだと考えられています。いずれにせよ、この決定的な実験に我が意を得たブリサックの領主

LES EAUX PURIFIÉES PAR LA LICORNE

ユニコーンの清めた水

14世紀末、聖地巡礼から帰国したヨハン・ファン・ヘッセ神父は次のように書き残しました。「約束の地の、ヘリヨンの野の近くにはマラ川が流れている。モーセ（旧約聖書『出エジプト記』に出てくる人物）は、イスラエルの子らが水を飲めるよう、杖の一振りでこの不純な水を清めた。現在でも夜になるや、呪われた生き物がこの水を汚すが、夜が明けると、海からユニコーンが出てきて、波に角を浸して毒を取り除き、ほかの動物が日中水を飲めるようにする。ここに書かれていることは私がこの目で見たことだ」

は、後生大事に角を崇め、アンジェ城の厚い壁に囲まれた安全な場所で保管したそうです。けれども略奪に遭って盗まれてしまい、その後紆余曲折を経てヴェネツィアに渡ったと伝えられます。

アンブロワーズ・パレ（p.24参照）はより論理的な実験を行い、ユニコーンの角には一切の治癒効果はないと、真逆の結論に至りました。また彼は、パリではユニコーンの角に触れたことなどないただの川の水が、非常に高い効果があるとして売られており、実際に効果があるようだとの話も引用して、ユニコーンの角の魔力を否定しました。

ユニコーンの角信仰は、ユニコーンが実在しないと判明した後も根強く残りました。粉状のイッカクの角は薬局で売られ続け、人々の心をくすぐりました。けれども17世紀になると、社会では科学が重視され始め、薬

パレの実験

「複数回に及ぶ試験の結果、ユニコーンの角なるものには
何の効果もないと断言できる」とは
アンブロワーズ・パレの言葉です。
彼は、何時間もユニコーンの角なるものに浸しておいた水で、
テーブルの上に輪を描きました。
クモやサソリやヒキガエルはこの輪の中に入ると死ぬはずなのですが、
一向にそうならず、「輪の外と中を行き来して、全く死ななかった」
ことを確認しました。
「ユニコーンの角を浸しておいた水を甕（かめ）にたっぷりと注ぎ」、
猛毒を持つとされるヒキガエルを入れたけれども、3日経っても
「入れたときと変わらず元気だった」とも記しています。
「本物のユニコーンの角を水に入れると泡立ち始めて、
真珠のような泡粒が昇ってくる」という説に対しては、
理論的に「牛や山羊や羊やその他の動物の角でも、ゾウの歯でも、
壺や瓦や木の破片でも、つまり多孔質（表面に多数の小さな穴がある）
のあらゆるもので同じことが起きる」と一蹴しました。

参考：アンブロワーズ・パレ『ミイラ、毒、一角獣およびペストに関する説』

RITES LICORNIENS À LA COUR DE FRANCE

フランス宮廷でのユニコーンの儀式

豪胆公と謳われた15世紀のブルゴーニュ公シャルルに仕えた侍従長オリヴィエ・ド・ラ・マルシュは、回想録にこう綴っています。
「食事係が、銀の杖とユニコーンが刻まれた舟型の銀の容器を持ってくる。これが殿の食事の合図である。給仕係はユニコーンが刻まれた小さな舟型容器を取り、食器の近くにいる食事係に渡す。食事係はユニコーンの小さな容器に冷水を注ぐ。次にこの水を小さな茶碗に注いで別の給仕係に試させる。次にこれを殿の前にお持ちして、容器の水を手の上に移して同じように試す」

*銀の器は青酸カリやヒ素などに反応して変色するため、毒殺防止のために貴族の食事に使われた。

豪胆公シャルルの侍従長兼儀仗隊長オリヴィエ・ド・ラ・マルシュ
『回想録』(1888年、パリ)からの抜粋。

の使用には実証が重んじられるようになります。目玉商品だった角の粉の値段は文字通り急落し、ついに18世紀には、ユニコーンやその角の治癒効果を信じる者は皆無となり、終止符が打たれました。ヨーロッパの商路を断たれた商人たちは、今度はアジアでまたしてもユニコーンの角と称して在庫を売りさばきます。コレクターにとっては手の届きやすい価格になり、「驚異の部屋」(当時のヨーロッパで貴族が好んで作った、珍奇なものを集めて陳列していた部屋)に納められるように。螺旋状の歯はその美しさに注目が集まりましたが、過ぎ去りし時代の文化への興味やノスタルジーが背景にあったのかもしれません。

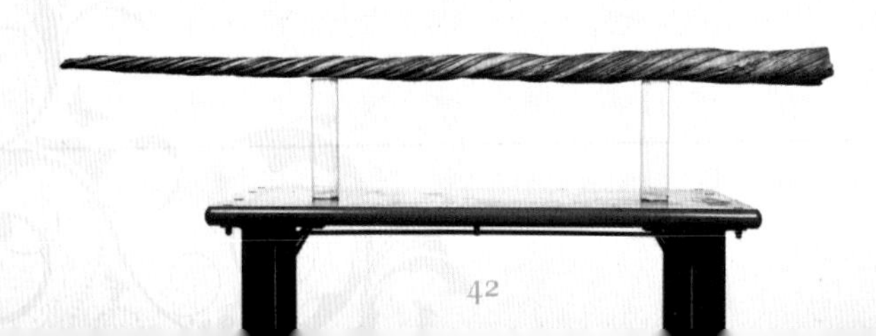

Fabuleux trésors en cornes

素晴らしき財宝

ユニコーンの角を所有することは、一握りの裕福な人だけに許された特権で、権力の印でもありました。ヨーロッパでは20ほどの全角の存在が記録されており、フランス王も所有していました。アーヘン（現在のドイツ）でバグダードのカリフ（ムスリムの最高指導者）からカール大帝に贈られたものだそうで、サン・ドニ修道院の宝庫に保管されました。またストラスブールや、イングランド、スペイン、ポーランド、デンマークの各宮廷にも1つずつあり、ヴェネツィアのサン・マルコ寺院には一対が保管されていたとか。特にヴェネツィアのものは大変な評判の的で、重要な礼拝行進、とりわけ主の昇天の祭日の行進に公開されました。事あるごとに利用されていて、表面を削って粉にしていたとも。粉は水に溶かされて、薬として服用されていましたが、あまりの乱用ぶりに、ついには十人委員会（ヴェネツィア共和国の安全を担当していた行政・司法機関）の許可なしに、粉の採取はできないようになりました。

こうしてヨーロッパではいくつかの全角が宝物として保管されていましたが、破片は実用的なものや装飾物を作るときの材料にされました。貴金属製の陳列棚、宝石（指輪、ペンダント、イヤリングなど）、十字架像、こまごまとしたものにはめ込まれて、持ち主を守ると信じられていました。また象徴性の高いものにも用いられ、16世紀には、正義と純粋さを表すユニコーンの角を使って、フランス王のために正義の手（手の形をした装飾品で、王権と司法権を象徴する）が作られました。

◀ ユニヴァーシティ・カレッジ・ロンドンの
グラント動物学博物館に収蔵されている、
長さ1.185メートルのイッカクの角。

1671年にイッカクの歯で作られたデンマーク王の玉座と、18世紀の王妃の銀の玉座。
コペンハーグ、ローゼンボー城。

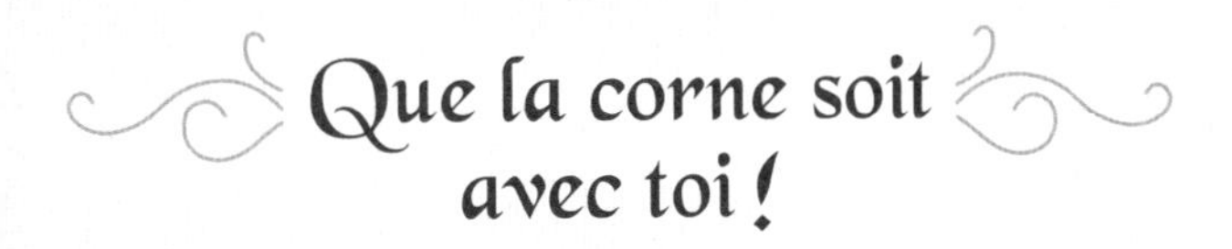

Que la corne soit avec toi !

角と共にあらんことを

中世やルネサンス時代の数多くの紋章には、ユニコーンが登場します。防御態勢、まっすぐな立ち姿、両足後ろ立ち。純粋で、力強く、勇ましく、気高いユニコーンは、それぞれの紋章の個性を超えて、騎士や名家にこの上なくふさわしい存在だったのです。確かに捕らわれの身となって生き永らえるよりも死を選ぶユニコーン——ただし貴婦人に魅了されて捕まる場合は別として——を取り入れれば、どんな紋章でも一段と格が上がることでしょう。ユニコーンが最も描かれるのは、騎士の盾です。鎖や首輪と共に描かれることが多いのですが、その鎖の先端がつながれていないのは、ユニコーンの自由を表しているから。盾に描かれたユニコーンは、持ち主である騎士に大いなる力を授けていたのです。

国章にユニコーンを採用している国もあります。最も有名なのはイギリスの国章で、片方にはイングランドの象徴であるライオン、もう片方にはスコットランドのシンボル、ユニコーンが描かれています。ライオンとユニコーンは、

AU CHÂTEAU DE LA BELLE ET LA BÊTE

美女と野獣の城

パリ北郊、オワーズ県には美しいラレイ城が建ち、ディアーヌの扉（ディアーヌすなわちディアナは狩りの女神）と呼ばれる門を抜けると、世にも珍しい「狩りのモニュメント」が広がっています。ディアーヌの扉の上にはユニコーンの像が。芸術家ジャン・コクトーはこの像に強い感銘を受け、映画『美女と野獣』をここで撮ることにしました。

純粋、力強さ、神秘のオーラを併せ持つユニコーンは、かつては紋章、現在はロゴで多用されている。

1921年に承認されたカナダの国章にも登場します。野獣とユニコーンの組み合わせには政治的意味が込められていますが、2つの野生動物を取り入れることで、ユニコーンの「正義」とライオンの「戦い」のバランスを表しているとも考えられます。

フランスのいくつかの町もユニコーンをシンボルにしています。例えばパリ北郊のアミアンの紋章では、ユニコーンが立ち上がり、ユリとキヅタで飾られた盾を支えています。このほかにも感受性、美、繊細さなど騎士の美徳を象徴するユニコーンは、アミアンのあちこちの建築物に描かれ、特に地元サッカークラブのスタジアム（Stade de la Licorne：ユニコーンスタジアム）は有名です。また1980年代以降開催されているアミアン国際映画祭のロゴでは、敏捷なユニコーンがフィルムの上を飛び跳ねています。フランス西部サン・ローの町の紋章にも登場し、さらに東部のアルザス地方バ・ラン県サヴェルヌも、純粋で勇敢なユニコーンを通して、要塞化された町の無敵のほどを示しています。2007年にはこの町のビール工場ブラッスリー・ド・サヴェルヌがブラッスリー・リコルヌ（Brasserie Licorne）と社名を変更し、Licorneの「O」の文字の中にユニコーンの頭部を描いたユニークなロゴを採用しました。

LA LICORNE À LA GUERRE

戦場のユニコーン

ユニコーンは現在でも、高い戦闘能力の象徴で、何とフランス軍にまで登場します。2002年、フランス軍はユニコーン作戦を展開し、クーデターで揺れるアフリカ、コートジボワールのフランス国民を保護しました。

CHAPITRE III

Charmeuses et chevaucheuses de licornes

ユニコーンを手なずけ、乗りこなす女性たち

ユニコーンと言えば愛。しかしその形は様々です。神の愛、宮廷恋愛、肉体の愛、エロティックな愛、裏切られた愛、至高の愛。そもそもユニコーンは男性なのでしょうか、女性なのでしょうか。それとも両性なのでしょうか。これはなかなかの難題で、時代や場所により、男性の特性を象徴することもあれば、女性らしさのシンボルの場合も。まるで精神的な両性具有類のごとく、両極端を表しているかのようです。中国のユニコーン、麒麟（きりん）の「キ」は男性、「リン」は女性と、2つの性質を内包していて、両性であることを暗示しています。2つの性質という概念は、互いに補いながら1つのものを形作る東洋の思想、陰と陽を彷彿（ほうふつ）とさせます。

Quid du sexe de la licorne?

ユニコーンの性別

現代のユニコーンは、たいていとても女性的な姿です。優雅で洗練されていて、長いたてがみはふんわりとなびき、大きな瞳は雌鹿の目のように優しく人の心を惹きつけます。伝統的にユニコーンは、純粋、貞淑、月のような白さと結び付けて描かれますが（多くの文明において月は女性の象徴）、昔からそうだったわけではありません。今でこそユニコーンはフランス語で「リコルヌ（licorne）」と女性名詞で呼ばれ、中世でも「リコルニュ（lycornu）」「ロコルヌ（locorne）」「リコルヌ（lycorne）」などの呼び名が使われることもありましたが、長い間「ユニコーン(unicorne)」と男性名詞で呼ばれていました。「ユニコーン」の語源はラテン語の「ウニコルニス（unicornis）」。フランス語では中世に「リコルヌ」と女性名詞化しましたが、イタリア語の「ルニコルノ（lunicorno）」「リオコルノ（liocorno）」の語の影響があると考えられます。このイタリア語の単語も、「エル・ウニコルノ（el unicorno）」が徐々に短縮・変化したものです。

そもそもほとんどの動物で、角が生えているのはオスで、メスに角があったとしてもオスのものよりずっと小ぶりです。辞書で形容詞「リコルネ（licorné：ユニコーンのような）」を探すと「男性的な」の意味があることからも、フランス語にはユニコーンはオスであるという考えが残っていることがわかります。古代の話では、ユニコーンの戦闘能力の高さや残忍さが繰り返し語られていますし、若い乙女に恋し、武器を捨てて、捕らわれの身になるエピソードも多くあります（そして、乙女たちもユニコーンの魅力に心を奪われました）。こうした描写からも、ユニコーンがオスであることは明らか。騎士たちの紋章に描かれることが多いのも、戦士としての資質ゆえでしょう。

◀ ペトラルカ著『凱旋』にインスピレーションを得た作品。画板を用いた油絵。
ヤコポ・デル・セライオ、15世紀。

1510年代の装飾写本。
ローマ使用式時祷書
(ローマのカトリック教会で使われていた進行・礼拝の手引書)の扉絵から。
処女に惹きつけられるユニコーンは伝統的なシーン。

ユニコーンの角と言えば男根象徴。つまり理論的には、精力、生殖能力、多産性と結びついています。

Une figure du Christ

キリストの象徴

3世紀にはすでに、キリスト教の最初の動物寓意譚『フィシオロゴス』にならった宗教的教訓を含む動物寓意譚が普及していました。中世のキリスト教の象徴理論は、ユニコーンをキリストの寓意（アレゴリー）と位置づけ、ルネサンス時代に至るまで、聖書における一角獣の記述は、この生き物が実在することの動かぬ証拠と信じられてきました。聖書に書かれていることに疑問を投じるなど、考えられもしなかったのです。

けれども一角獣はどのようにして聖書に入り込んだのでしょう。考えられる理由としては、誤訳が挙げられます。すべては「七十人訳聖書（しちじゅうにんやく）」と呼ばれるギリシャ語の聖書から始まりました。これはアレクサンドリアで紀元前2～3世紀に翻訳された旧約聖書を指します。翻訳者たちはヘブライ語の「リーエム（re'em）」を「モノケロス（monoceros）」と訳し、ユニコーンはキリスト教的象徴を担うことになったのです。しかしこの語はもともと水牛や鹿、あるいはかつて中東地域に生息し現在では絶滅したオーロックスという動物を指すと指摘されています。聖書は4世紀末にラテン語に翻訳され、「ウルガタ（Vulgata）」と呼ばれてヨーロッパ全域で標準聖書として用いられるようになりますが、このときに底本となったのが、七十人訳聖書だったのです。その際に「モノケロス」は「リノケロス（rhinocéros：サイ）」「ウニコルニス（unicorne：一角獣）」と訳され、これがのちに「ユニコーン（licorne）」となりました。

聖書の中でユニコーンの記述として最も引用されるのが、『詩篇』22篇で「わたしをしし（lion）の口から、苦しむわが魂を野牛（licorne）の角から救い出してください」とあります〔日本聖書協会の1955年改訳では「ユニコーン=野牛」となっている〕。こうしてユダヤ・キリスト教文化の基礎を成す文書に登場した一角の生き物は、危険や悪魔の象徴となりました。当初こそ残忍で獰猛な生き物とされたユニコーンですが、教皇グレゴリウスI

エデンの園を描いたルーカス・クラーナハの油絵。1530年。
ユニコーンを含め、神によって創造された動物たちが描かれている。

世のおかげで、悪魔ルシフェルの支配する地獄の動物からキリストの象徴へと変容したようです。グレゴリウス1世は神学論説の中で、ユニコーンを聖パウロにたとえました。パウロはもともとタルソスのサウロと呼ばれ、キリスト教徒を迫害していましたが、あるとき神の啓示を受けて悔い改め、伝道者となりました。ユニコーンも悪の力を持つ角の生えた獣だったのが、神の光、すなわちキリスト教化により穏やかになったという論法です。こうして大変身を遂げたユニコーンは、聖アンブロジウスや聖アウグスティヌスといった神学者によりさらなる名誉回復を遂げ、信仰統一の象徴となりました。神学のおかげで箔をつけたユニコーンは、中世に入ると強力なシンボルとなります。一部の著作家たちは、小柄であること（当時は馬よりも山羊に近い大きさ）はイエス・キリストの謙遜の印であり、一角は神の唯一性を表すと考えました。こうして格上げされたユニコーンは様々な図像、絵画、装飾写本、タペストリー、彫刻作品で取り上げられ、それがさらにユニコーン神話への信仰を強めました。ユニコーンを扱った世俗的な作品は13世紀までほぼ皆無だったのが、15世紀には頂点を迎え、かの有名なタペストリー『貴婦人と一角獣』や『ユニコーン狩り』が作られたのです。

Dans le sein d'une vierge

処女の胸に抱かれて

人になつかず獰猛と言われるユニコーンですが、愛にのめり込んでしまうことも。『フィシオロゴス』は、手に余るユニコーンを捕獲するためのごく特殊な方法を挙げていますが、確かにユニコーン狩りを描いたどの挿絵や説明も、この条件を満たしています。捕獲不可能なユニコーンを捕まえる唯一の方法、それは若い処女です。特に普段はつつましい身なりでも、狩りのときだけは胸をはだけるとさらに効果が増し、ユニコーンが、乙女の神聖で貞淑な香りに誘われて、体をなすりつけてきます。これがユニコーンを生け捕りにする唯一の方法です。ユニコーン狩りのテーマはこの生き物にまつわる最古の要素の1つで、猟師に槍で命を奪われる場面は、兵士に槍で脇腹を刺されたキリストの受難をも表しています。しかしこの場面は15世紀中頃に変化し、猟師に代わって狩人が登場します。ユニコーンは翼が生えていることもあり、どこか大天使ガブリエルを思わせます。体格も仔山羊ほどだったのが（キリスト教では、仔山羊は復活祭の仔羊を連想させ、仔羊は犠牲を暗示していますが、こうした宗教色はその後の新たなユニコーン像には似つかわしくありません）、より馬に近くなっていきます。これらの場面は受胎告知を暗示しており、キリスト教的解釈に従えば、処女マリアはユニコーンに象徴される聖霊の働きにより身ごもったとされます。こうしてユニコーンは霊的豊かさのシンボルとなったのです。

『貴婦人と一角獣』同様、タペストリー『ユニコーン狩り』も15世紀から16世紀への過渡期にブリュッセルで制作されました。19世紀末にアメリカの大富豪ロックフェラーが購入し、現在ではニューヨークのメトロポリタン美術館付属のクロイスターズ美術館に収蔵されています。ユニコーン狩りのテーマを扱った図像作品としては、最も完成度の高いものの1つで、羊毛、金属糸、絹糸で織られ、7枚のタペストリーからなっています。

1枚目は狩りの準備をする狩人たちです。2枚目は、狩人たちに不意を突かれたユニコーンと、ユニコーンに群がる狩人たちで、中心には噴水があり、水が地面にまで流れていて、すべてのものを清めるユニコーンの角が浸っています。周りには動物たちがいて、水を飲むのを待っているようです。次の2枚のタペストリーでは、ユニコーンが追い詰められて周りを囲まれ、後ろ足で蹴ったり角で刺したりして抵抗します。5枚目のタペストリーは全体ではなく一部しか現存していませんが、若い女性をエサにした狩りと命を奪う古典的シーンで、その後遺体は城に運ばれます。これら一連の作品は、中世の人々にとって重要な意味を持っていたキリスト教的シンボル――水の浄化、忠実な犬、同情的なライオン、オコジョ（ヤマイタチ）、ハイエナ、鹿、ウサギなど中世の象徴的な動物たち、12人の狩人（キリストの弟子も12人）による狩り、キリストの受肉を表す処女の誘惑による捕獲、キリストの受難を表す槍による死――を華麗に解釈し、表現しているのです。7枚目では殺されたユニコーンが生きた姿で描かれており、キリストの復活を表しているとも考えられます。

タペストリー『ユニコーン狩り』の1枚。ユニコーンが水を清めている。
16世紀の作品。ニューヨーク、メトロポリタン美術館蔵。

「いかにしてユニコーンは捕まったか」と題された版画。
『動物物語の赤い本（*The red Book of Animal Stories*）』（1899年）の挿絵。

L'amour en mode courtois

宮廷恋愛

13世紀以降、ユニコーンは宮廷恋愛を描いた世俗的な場面にも登場するようになりました。野蛮で征服ばかりがもてはやされた中世において、こうした恋愛モデルは愛、純粋さ、貞淑、誠実、情熱の理想を体現しました。そうした恋愛では思いは遂げられず、プラトニックな形でしか実現しなかった恋人たちは愛に忠実であろうとするあまり、愛自体をあきらめることさえあります。かつて毒や悪を嗅ぎつけていたユニコーンは、今や昇華された純愛追求の完璧なシンボルとなったのです。

『貴婦人と一角獣、麗しの騎士と獅子の物語（*Le Roman de la Dame à la Licorne et du Beau Chevalier au Lyon*）』は14世紀半ばの作者匿名の長編詩で、宮廷恋愛の理想像を描いています。貴婦人・ユニコーンと騎士・獅子の組み合わせが、理想的なカップルを表しており、強力で、エキゾティックで危険な2頭の獣が対照的に描かれています。黄金のたてがみを持った太陽のような獅子は、月のように白く乙女のように純なユニコーンとは正反対。この矛盾するカップルを通して、宮廷恋愛の世界は新たな性格を帯びるようになります。

獅子が象徴するのは騎士的で力強く、男性的で無敵の愛人。このカップルは理想的な愛、正反対でいながら、価値観と完璧さにより結ばれる2つの極性を表しているのです。

13世紀のナバラ王テオバルド1世（シャンパーニュ伯ティボー 4世）は、宮廷恋愛を謳った詩人でもあり、ユニコーンと狩りのイメージを通して、男性が貴婦人への愛にのめり込む様子を描きました。

狩りを描いた作品の中には、乙女が顔をそむけているものもあり、狩りに巻き込まれながらも、ユニコーンがとどめを刺されるのを見ていられないという様子です。そう考えると新たな解釈も可能で、不誠実な誘惑による男性の破滅、誘惑して男性と愛を堕落させる女性の図、と見ることもできます。

ユニコーンはあらゆる汚れを排した、
手の届かない女性、
という理想化されたイメージを表しています。

15世紀のドミニコ会の祭壇画。処女による神秘の狩りを描いている。
マルティン・ショーンガウアー作。コルマール、ウンターリンデン美術館蔵。

「私はユニコーンのよう
若い女性を見ると仰天し
あまりに甘美な当惑に襲われて
その膝にうずくまってしまいます
人々はそんなユニコーンを裏切り、殺すのです
私もそうして死ぬほどの傷を負いました
本当のところ、愛と我が貴婦人は
私の心を奪い、私はもう二度と心を取り戻すことはできないのです」

宮廷恋愛を謳った詩人テオバルド1世

ラファエロ『一角獣を抱く貴婦人』。
モデルはジュリア・ファルネーゼとされる。

LICORNE DE COMPAGNIE

ペットとしてのユニコーン

ラファエロの『一角獣を抱く貴婦人』は1505年頃の作品とされ、ローマのボルゲーゼ美術館に収蔵されています。おとなしく居心地よさそうに貴婦人の腕に抱かれている小さな一角獣は、まるでペットのよう。ミニチュアユニコーンは意外ではありますが、X線検査によれば、貴婦人の膝の上に載っているのは、もともとはユニコーンではなく、忠実のシンボルである小型犬だったそうです。

La licorne, du paradis au déluge

楽園から洪水へ

原初の完璧な世界は天国あるいはエデンの園と呼ばれ、中世の人々の想像を大いに刺激しました。旧約聖書の『創世記』によれば、神はアダムを創造し、アダムはすべての動物に名前を付けました。神はまた、アダムの肋骨からエヴァを作り、2人は愉悦と豊穣の園で暮らしていました。園には命の木あるいは知恵の木があり、神の創造した動物たちがその周りで生活していました。中世の人々は、エデンの園はオリエントに実在する

15世紀初頭、ブシコー元帥の画家とその工房による『事物の特性の書(*Des Propriétés De Choses*)』の挿画。アダムとエヴァの婚姻を描いており、ユニコーンの姿も見える。

と信じ、中世やルネサンス時代の多くの図像作品には、楽園の動物たちに交じってキリストの美徳の強力なシンボルであるユニコーンが描かれています。タペストリー『貴婦人と一角獣』の島は、樹木や花、動物が生息する楽園を描いたものと見ることもできます。

ヒエロニムス・ボスのように、エデンの園と現世と地獄を並べて描いた芸術家もいれば（p.66参照）、ブリューゲルのように、牧歌的でのどかな失楽園を描いた芸術家もいます。ユニコーンは天地創造や、美しい竪琴の音色で動物をうっとりさせるオルペウスの話や、ノアの箱舟を描いた作品にも登場します。けれども本当に箱舟に乗船したかどうかについては意見が分かれていて、洪水後の種の保存のために番（つが）いしか乗れなかったのだから、独り者のユニコーンが乗船できたはずがないという意見や、自尊心から乗船しなかったという見解や、おぼれていた動物を角で助けたという説まであります。まるでユニコーンが実在するかのように、どの動物カテゴリーに属すか、番（つが）いとしてどう扱うかなど、箱舟での立場について異論が飛び交っています。

LE DÉLUGE VERSION CANAL+

カナルプリュスバージョンの洪水

ユニコーンの物語は限りなく進化し続けます。フランスのテレビ局カナルプリュスの2015年のCMでも、ユニコーンと洪水のニューバージョンが登場しました。CMでは、出航直前のノアの箱舟が出てきますが、ユニコーンがいません。そこでノアは荒れ狂う暴風の中に弟子を送って探しに行かせます。ようやく2頭のユニコーンが見つかり、船に乗せますが、よく見ると実は2頭ともオスだったのです。時すでに遅し。次のシーンは21世紀。ある男性が、ユニコーンのイラストのTシャツを着た女性をナンパしながら、「ね、だからユニコーンはもういないんだよ」と語り、最後には「ロマン・Mによるカナルプリュスのための脚本」とクレジットが映し出されます。

Au royaume de l'éroticorne

エロティックなユニコーン

キリスト教的な解釈は別にして、ユニコーンが登場する場面は、かなり大胆に読み解くことができます。人になつかず、手に負えず、強いけれども、若い乙女にだけは弱くて捕まってしまう、とくれば、ユニコーン狩りで誘惑が重要な要素であることは明白です。ユニコーン狩りは時代と共に変化し、徐々に、しかし確実にキリスト教の寓意から離れていきます。ついに15世紀にはこのテーマから聖処女が消え、禁じられるようにさえなります。新たな世俗的象徴の流れから見て、聖女の存在はあまりに偏っていると考えられたのです。

イタリアでもすでにルネサンス時代に、ユニコーン狩りのテーマは完全に宗教的色合いを払拭し、狩人も犬も槍も消滅して、若い処女とユニコーンだけが親密な静けさの中に存在し、エロティックな雰囲気を醸し出しています。それでもユダヤ・キリスト教の道徳性を重んじた作品もいくつかはあり、ちぐはぐな要素が見られます。例えば、タペストリー『貴婦人と一角獣』の「視覚」

tua: et nō ī auaricia.
uerte oculos me
os ne uideant uani
tatem: in uia tua ui
uifica me. tatue
seruo tuo eloquium
tuum: in timore tuo.
mputa obprobri
um meum quod sus
picatus sum: quia
iudicia tua iocunda.
cce concupiui ma
data tua: in equita

14世紀初頭『マーストリヒトの時祷書』から。
貴婦人とユニコーンの親密さが伝わってくる。

(p.65参照)のユニコーンは鏡を見ながら、貴婦人のドレスを軽くめくっています。意図せずして前足をかけてしまったのでしょうか。それとも、さりげなく官能をほのめかしているのでしょうか。

またユニコーンの好色な面を思わせる作品もあり、乙女が一角をうっとりしたようになでる様は卑猥でさえあります。絡み合う視線と顔の位置は、往々にして婉曲でいながら明確に、怪しげな親密さをほのめかしています。ユニコーンが貴婦人と体を接している場面では、貴婦人の胸に体を押し付けているのが確認できます。ローマのサンタンジェロ城には多くのフレスコ画が収蔵されていますが、その中の一場面では貴婦人がユニコーンと向かい合い、片方の手は一角の上に、もう片方の手はユニコーンの首に巻き付いた布に触れていて、もっと近くにと引き寄せているようにも見えます。

ユニコーンに乗る

強くて危険な野生動物に乗るという行為は、乗り手が動物を服従させ、勝利を収めて主人になることを意味します。中世のユダヤ・キリスト教的思考や、キリストとユニコーンを重ねる手法からは考えられない場面ですが、15世紀に入ると、ユニコーンを乗りこなす野生的な男女が絵画等に登場します。こうしたテーマは流行となり、原始的本能や人間の強力な熱情が描かれるようになりました。同時に昔日の暮らしへの幻想もうかがえます。かつて自然と調和した生活が営まれていたギリシャのアルカディアは、輝かしい時代、原始的でありながら牧歌的な理想郷の象徴と考えられるように。ユニコーンに乗って、実際に体を接することは、より肉感的でエロティックな領域へと続いているのです。ちょうど、ヒエロニムス・ボスの『快楽の園』(p.66参照)のように……。

▶タペストリーシリーズ『貴婦人と一角獣』から、
「視覚」を描いた作品。パリ、国立中世美術館蔵。

La licorne au jardin des délices

快楽の園のユニコーン

『快楽の園』はネーデルラント（現在のベルギー、オランダ、ルクセンブルクあたり）の初期フランドル派の画家ヒエロニムス・ボスの三連祭壇画です。15世紀末あるいは16世紀初頭の作品で、キリストの受肉や悪魔の具現化、純潔とセクシュアリティ、さらにはエロティシズムなど、ユニコーンの持つ比喩的な相反性について、興味深いビジョンを示しています。

向かって左側には楽園、中央には浮かれて罪を犯す人間たち（特に肉体の罪）、右側には地獄が描かれています。数頭のユニコーンが登場し、楽園では白いユニコーンが角を水に浸して、純化を暗示しています。エヴァの足元には暗い水をたたえた池があり、黒いユニコーンがほかの動物たちとじゃれ合っていますが（右図中央）、白いユニコーンとは違って、水を清める姿勢ではありません。この暗い水は長く闇の空間とされていた無意識、内なる悪魔や得体のしれないもの、つまり悪の棲みかを表しているとも考えられます。中央に描かれるのは地上世界で、裸の人間に囲まれて一人の男がユニコーンに乗っています（中央図中央右寄り）。全体から見て、人間に乗られたユニコーンが官能の表出を象徴していることに疑いの余地はありません。

ネーデルラントの画家ヒエロニムス・ボスによる1490年から1500年頃にかけての壮大な作品。マドリード、プラド美術館蔵。ユニコーンはどこ？

Sensuelle licorne

官能的なユニコーン

19世紀になると、肉感的でセクシュアルでエロティックなユニコーン像は、アートという新たな活躍の場を得ます。特にギュスターヴ・モローの作品には、変化に富んだユニコーンの姿が見られます。例えば『一角獣（*La Licorne*）』と『一角獣たち（*Les Licornes*）』は、ほぼ同じ構成で、全裸でマントと帽子だけをかぶった貴婦人が、隣に座ったユニコーンの頭をなでています。絡み合う視線は思わせぶりで、欲望が見え隠れし、あからさまにエロティック。モロー一流の筆致が、華麗な雰囲気を醸し出しています。

FAUSSE LICORNE : REMÈDE POUR LA SPHÈRE SEXUELLE

偽ユニコーン：性の悩みの特効薬

偽ユニコーンとはカマエリリウム・ルテウム（*Chamaelirium luteum* あるいは *Helonias dioica*）という北アメリカ原産ユリ科の植物の別名で、「星形植物」とも呼ばれます。「偽ユニコーン」の異名が、上向きの花序からきているのか、あるいは精力剤、男女の性欲の刺激剤として古くから知られていることからきているのかは定かではありませんが、両方の可能性もあります。今日ではホメオパシーに用いられ、主に婦人科と泌尿器のトラブル、次いで神経疾患に処方されます。

►『一角獣（*La licorne*）』、19世紀末。ギュスターヴ・モローらしい華やかなディテール。

CHAPITRE IV

Planète licorne

ユニコーンの惑星

ユニコーンは「驚異的」なものを体現しています。19世紀フランスの辞書編纂者リトレによれば、「驚異的（エクストラオルディネール）」の語は、平凡や普通から外れていて、卓越して、壮大で、並外れて、巨大で、その特異さ、奇妙さ、斬新さゆえに人を驚かせる事物を指しています。まさにユニコーンにふさわしい定義と言えるでしょう。ユニコーンは異世界、現世にあるけれどもその源は現世の向こうにある「別のところ」を表しており、世界の創造者、異次元からの伝言を運ぶメッセンジャーとなりました。現実世界を超越した伝説、フェアリー、神秘の使いでもあり、20世紀以降の数多くのヒーローファンタジー、幻想小説、映画、ロールプレイングゲームは、「向こうの世界」のシンボルであるユニコーンから多くのヒントを得ています。純血種の白馬のようなユニコーンを別世界の化身として描いた作品もあり、ますます人々の想像力をくすぐっています。

ファンタジーに登場するユニコーンは、ルネサンス時代の図像を参考にしているものが多く、耽美さがさらに強調されています。純血種の雌馬姿のユニコーンは、たいていシミ1つない純白で、蹄（ひづめ）やたてがみ、銀色や金色の角がこれ見よがしに強調されることもあります。

ユニコーンの「驚異」は経済の分野にも広がり、新語さえ生まれました。

Génitrice du monde d'Ambre

『真世界アンバー』の生みの親

現代のユニコーンも、やはり異次元からやってきて、別世界を象徴する存在。

『真世界アンバー（*The Chronicles of Amber*）』はアメリカの作家ロジャー・ゼラズニイにより1970年以降発表されたファンタジー小説シリーズで、第3巻『ユニコーンの徴（しるし）』にはその名の通り、ユニコーンが登場します。物語はアンバーという名の世界が舞台で、アンバーのシンボルはユニコーンです。アンバーの王子たちの家系をさかのぼると、原初の混沌から生まれた魔的な反逆者ドワーキンとユニコーンにたどり着きます。ドワーキンとユニコーンの結合から、初めて混沌に秩序がもたらされ、宇宙が生まれたのです。これはヒンドゥー教の一角仙人にも通じる展開で、私たちが世界と信じているものは、本当は現実の投影なのだとするプラトン思想とも共通

しています。アンバーの王子たちは、想像の中に自分を投影しながら複数の世界を旅します。世界によって物理的法則は異なり、それぞれの世界はアンバーの投影、反射、影に過ぎません。こうした概念は、1950年代に物理学者ヒュー・エヴェレットの提唱した複数の宇宙が存在するという仮定（多世界解釈）をなぞっており、多世界解釈は多くのファンタジー作品に豊かなインスピレーションをもたらしました。アンバーシリーズでは、ユニコーンは世界の生みの親でありながら目に見えないため、その存在を信じきれない登場人物も描かれます。『ユニコーンの徴』では、コーウィンとジェラードの目の前に、ほんの短い間出現します。

1970年代にはフランスの作家ルネ・バルジャヴェルとアイルランドの占星術家オレンカ・デ・ヴィールの共著『貴婦人とユニコーン（*Les Dames à la Licorne*）』が発表され、ドラマ化もされました。神秘的な雰囲気と伝説が入り交じる19世紀のアイルランドに暮らす5人姉妹の物語で、驚くべきユニコーンの系譜が描かれています。5人姉妹はジョン・グリーン卿の娘なのですが、実はアンジュー伯フルク1世とユニコーンの間に生まれた末裔だというのです。共著の2人は続編『世界の日々（*Les Jours du monde*）』を刊行し、やはり不思議な雰囲気に満ちた3作目『第三のユニコーン（*La Troisième Licorne*）』はオレンカの単著で出版されました。

『真世界アンバー』のユニコーン出現のシーン：

「私たちは身じろぎもせずその出現を見つめた。
毛というよりも羽毛とたてがみに
包まれているかのように、
全身が白く柔らかく揺らめいていた。
割れた蹄（ひづめ）は金色で、
細い頭を飾る螺旋を描く細い角も金色だった。
小さな岩の上にいて、地に生えている植物を食（は）んでいた。
私たちに向けた眼は、輝くようなエメラルドグリーンだった。
ほんの束の間、私たちもユニコーンも微動だにせずそこにいた。
やがてユニコーンは神経質そうにさっと前足で空を切って、
3度岩を蹴った。そして姿がかすんだと思ったら、
雪のように音もなく消えた。
右手にある林の方へ行ったのかもしれない。
(中略)『ユニコーンはぼくたちを守ってくれているけれども、
何か特別な儀式が必要なのだろうか』
(中略)『ユニコーンよ、君が幸運を報せてくれたり、
恵みをもたらしてくれたりするのはとてもうれしいけれど、
たとえそうではなくとも、こんな暗いときに君の輝くような
姿を現してくれたことに感謝するよ」

ロジャー・ゼラズニイ『ユニコーンの徴』より

Alice et la licorne

アリスとユニコーン

1865年に刊行されたルイス・キャロルの『不思議の国のアリス』は、世界中の多くの人に読まれてきました。続編『鏡の国のアリス』の第7章のタイトルは「ライオンとユニコーン」で、アリスはこの2頭の動物と出会います。ライオンとユニコーンは喧嘩してばかりで、殴り合っては、町中で互いを追いかけ回します。連合王国建設に至るまでのイングランド（ライオン）とスコットランド（ユニコーン）の紛争を描いているとも解釈できますが、ルイス・キャロルはそのような政治的・歴史的な解釈を超えて、アリスの夢を舞台に、それぞれの役割を逆転させながら、基準という概念で遊んでもいます。普通とは何なのか。異常とは何なのか。正常をどのように定義するか。誰がそれを定義するのか。すべてが逆転し、変身する世界では、当然ユニコーンの役割も変化して、「驚異的」なのはもはやユニコーンではなくアリスとなります。ユニコーンやライオンから見れば、アリスこそが怪物、想像を超えた存在なのです。

ルイス・キャロル著
『鏡の国のアリス』の
ジョン・テニエルによる挿画。

Donjons et dragons

ダンジョンズ＆ドラゴンズ

ユニコーンは、ロールプレイングゲームでもおなじみの生き物の1つで、このジャンルではパイオニア的タイトル『ダンジョンズ＆ドラゴンズ』にも登場します。1970年代に発表されたこのゲームは現在に至るまで人気を保ち、ユニコーンに関する詳細な手引きも出され、ユニコーンの本種と亜種を挙げて、その生態や、角の力を説明しています。この幻想動物は森に棲んでいて、森とその住民を守っています。自然界の小人たち、エルフや木の精霊ドリュアスと交流し、人目を避け、平和を回復するときにしか姿を見せませんが、千年も生き、古典的なユニコーンらしく、いわゆる悪、人の心に巣食う毒や不運を見抜くことができます。一角は毒を退け、武器にもなります。また、処女戦士たちの乗り物にもなることもあります。

かなり珍しいことに、このゲームには黒いユニコーンも登場します。赤い目と燃える蹄(ひづめ)で、その出現に自然も息をひそめます。角は毛と同じく黒で、古代や中世の人々が信じたように力がありますが、その効力は治癒どころか有毒で、触った人はあっという間に麻痺してしまいます。

『ダンジョンズ＆ドラゴンズ』に出てくるような黒くて不吉なユニコーンは稀。

La licorne d'Harry Potter

ハリー・ポッターのユニコーン

この世のものならぬユニコーンはたいてい、純潔を象徴する白。

ユニコーンはハリー・ポッターの世界にも登場します。この神秘の生き物に関する歴史や古代の象徴が物語のヒントになっていることは明らかで、禁じられた森に棲み、とても敏捷で捕まえるのが難しい上に、ひどく人見知りしますが、男性よりも女性になつきます。

舞台は『ハリー・ポッターと賢者の石』の第15章。ある日の夕方、ハリー、ハーマイオニー、ネビルは、校則で厳しく禁じられているにもかかわらず、夜に校内を歩き回った罰として、ハグリッドの手伝いをさせられました。3人は森で、何者かに怪我を負わされたユニコーンを探すよう言われますが、見つけたときにはすでに絶命していて、誰かがその血を吸っているところでした。ハリーの傷はずきずきとうずきました。目の前で血を吸っていたのはヴォルデモートだったのです。「名前を言ってはいけないあの人」すなわちヴォルデモートは、ユニコーンの血を吸って、死にながら生き永らえていました。ユニコーンの銀色の血には大変な力があって、飲む者は命を得、どんな怪我を負っても死ぬことはありません。

こうした力は、古(いにしえ)から伝わるユニコーンの特性に結び付いていますが、その驚異的な威力で命を引き留めることはできても、呪われているがために、「半分の命」でしかありません。ハリー・ポッターの魔法の世界では、角は解毒薬として用いられ、毛は、チャーリー&ロン・ウィーズリーの杖のような魔法の杖を作るのに使われます。ユニコーンの毛で作った杖には、安定した魔力があり、持ち主に忠実で、邪悪な力にもあまり動じません。ただ、力に限界があるのが玉に瑕(きず)。しかもこの毛は気分に左右されやすく、悲しい気持ちになると死んだ状態になることもあるとか。

LE PHÉNOMÈNE OTHERKIN

アザーキン現象

あまり知られていませんが、アザーキン（otherkin）とは英語の「他（other：アザー）」と「血族（kin：キン）」からなる言葉で、文字通り「他の血族」、すなわち異種族を指します。これは自分を人間ではなく、動物や伝説の生き物だと認識する概念で、1970年代に生まれ、1990年代に広まりました。「異種族」の人々は、宗教色を払拭したスピリチュアルな世界、生まれ変わりやアストラル旅行（アストラル界と呼ばれる異世界へのスピリチュアルな旅。一種の白昼夢）や幽体離脱を受け入れるニューエイジの流れの中で、自分は人間でないことを実感するようになったのです。彼らはインターネット上でコミュニティを形成し、自分をオオカミ、ドラゴン、天使、悪魔、フェアリー、吸血鬼、ユニコーンと考えています。

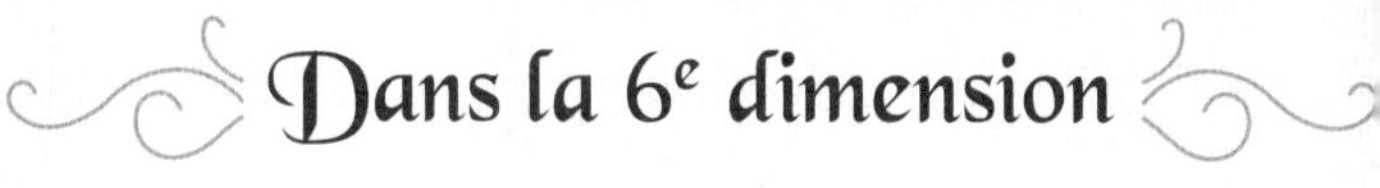

Dans la 6e dimension

異次元のユニコーン

長編映画では、ユニコーンはたいてい何かの象徴やヒントの役回りで、ほんの短い間でもユニコーンが現れるだけで、物語の幅がぐっと広がります。『オデッセイ』『グラディエーター』『テルマ＆ルイーズ』などで知られるリドリー・スコット監督の映画『ブレードランナー』では、ユニコーンのイメージを通じて、登場人物の本当の性格や、隠された真実が暗示されます。映画にはいくつかのバージョンがあるのですが、主役の一人の夢の中にユニコーンが出てきて、最後には折り紙として登場して夢を思い出させ、自身についての真実を理解する、という設定です。

リドリー・スコットはユニコーンがお気に入りのようで、1985年の『レジェンド』では、1組のユニコーンが治める不思議な国が出てきます。王女リリーと、自然のわずかなエネルギーにも敏感な若者ジャックは、この平和な世界に暮らしていました。しかし、ユニコーンの命を狙う闇の魔王のせいで、世界は永遠の闇に包まれます。トム・クルーズ演じるジャックはフェアリーや小悪魔たちに助けられて、破滅の危機から世界を救います。商業的には失敗だったものの美しいストーリーで、ユニコーンは伝統的な象徴をヒントにした役割を担っています。

ユニコーンは『ナルニア国物語』の本や映画にも登場します。賢く忠実で無敵のユニコーンは、皆の尊敬を集めていました。

映画『レジェンド』のトム・クルーズとミア・サラ。

Un concept économique novateur

斬新な経済コンセプト

現代のユニコーンは新たな意味を獲得し、桁外れの成功、思いがけない才能を指す言葉としても使われます。際立った特徴を備えた企業、コンセプト、人などに対して使われ、例えばプロバスケットボールプレイヤー、クリスタプス・ポルジンギスはその突出した技量から「ユニコーン」とあだ名されています。最近では、特殊技能を持つ人も「ユニコーン」と呼ばれます。「ユニコーンジョブ」と言えば、素晴らしい仕事、思いもかけない最高の仕事を意味します。

現代の経済用語でもユニコーンやそのシンボルが取り入れられ、一定の基準を満たす大々的な成功を収めた企業を意味します。アメリカのアナリスト、アイリーン・リーの考案した動物学的なニュアンスの混じった経済用語「ユニコーン企業」とはもともと、ニューテクノロジー専門、創業10年以下、評価額10億ドル以上、未上場、の条件を満たすシリコンバレーのスタートアップ企業を指していましたが、現在では国籍を問わず、大きな経済的潜在力を持ちながらも株式市場に縛られない企業にまで広がりました。その数は200近くにまで増え、配車サービスのウーバー、民泊のAirbnb、ドロップボックス、ピンタレスト、音楽配信サービスのスポティファイ、フランスではカーシェアリングのブラブラカーもユニコーン企業でしたが、フェイスブックなど、上場して後発企業に席を譲った企業もあります。この呼び名には夢が込められています。それはアメリカンドリームであり、ほかにはない、あっと驚くような、まだ存在しない何かを創出するという夢でもあります。灰色の脳細胞で考えたアイディアが黄金を生むのですから、錬金術とも言えるでしょう。

LE CONCEPT UNICORNERS

ユニコーンコンセプト

パリの「ユニコーナー」は、カフェとコワーキングスペースを兼ねた新コンセプトの空間です。1時間単位の料金を払えば、充実した設備のオフィスを使うことができます。また、「個人、企業、新興企業、非営利団体、アーティストを問わず」、プロジェクトのプレゼンテーションもできます。「場違いなプロジェクトならすべて検討対象。伝統とは隔絶していて、大胆にクリエイティブ、完璧に突飛、かなり現実離れしていて、にわかには信じられないけれどもそれもアリ、というのが条件です」(http://www.unicorners.fr/licornedumois/からの引用)。ユニコーナーのコミュニティにより毎月1つのプロジェクトが選ばれ、利用料金の10%から拠出される資金提供を受けることができます。選ばれたプロジェクト企画者がユニコーンと呼ばれるのは、言うまでもないでしょう。ユニコーンは1か月間、コワーキングスペースの利用料金が免除され、無料でユニコーナーのインターネットサイトに掲載されます。現代のユニコーンのシンボルにぴったりのコンセプトです。

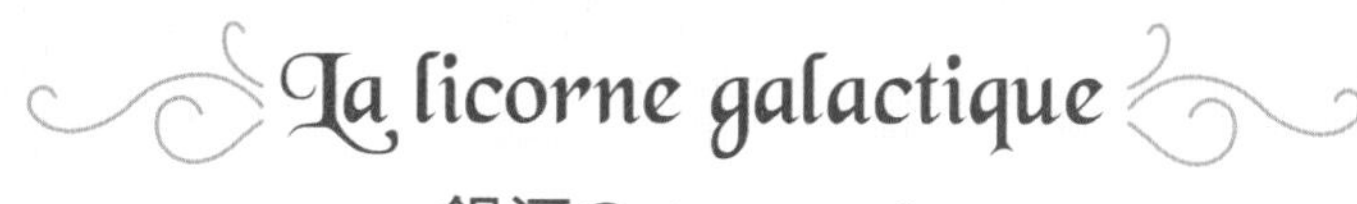

La licorne galactique

銀河のユニコーン

幻想の動物ユニコーンは星座にもなり、「いっかくじゅう座」と呼ばれています。17世紀初め、オリオン座東の星、シリウスが輝くおおいぬ座の北にある星を合わせて、こう命名されました。北・南極以外のほとんどの場所から見ることができますが、天の川銀河の中にあって、低光度の星で構成されているため、観測が難しい星座でもあります。散開星団、同じ源から生まれた無数の星、美しい星雲からなり、百花繚乱の花火のよう。その中の1つ、赤い長方形星雲の中心の星は高温で、地球から2300光年離れています。不思議な幾何学的な形は、箱入りの菱形が光を放っているようにも見えます。

星雲の繰り広げる天体ショー。

ブラックホールはあまりに高密度なため、
強力な重力場により物質や放射、光の脱出さえも妨げられて、
目で見ることができません。
ユニコーンにこそ似つかわしい場なのです。

◀ 1822年に発表されたアレクサンダー・ジェイミーソンの版画。
イギリス国王ジョージ5世に献呈されたもので、
いっかくじゅう座を描いている。

CHAPITRE V

L'esprit de la licorne

ユニコーンスピリット

ユニコーンは長い間、様々なものを象徴してきましたが、曖昧さも残されています。果たしてユニコーンは無秩序な思想の寄せ集めなのでしょうか。人々のやりたいことや言いたいことを体現するだけの、人間の心の操り人形なのでしょうか。その存在はあらゆる多様性を秘めていて、細かく定義されたシンボルとはほど遠く、まるで人の心の複雑さを映し出しているかのようです。人間はあらゆる顔を持っていて、最悪な面もあれば至高の面もあり、光り輝く宝と共に、暗黒の裂け目もあります。ユニコーンが普遍的な生き物たる所以、その深遠な本質とは何でしょう。どうやら、ユニコーンの概念自体にヒントがありそうです。それは「統合」です。万物を創造する陰と陽の結合にも似た、相反や対立や反対を超えた統合です。

とするとユニコーンは、よりよい世界への道しるべとなるのでしょうか。純粋な心への憧れ、スピリチュアルなもの、より偉大でより美しい何かに到達するための道を象徴しているのでしょうか。

La licorne transcendantale ou l'ouverture du troisième œil

超越のユニコーン、あるいは第3の目の開眼

一角は額の中央にありますが、これは第3の目、あるいは第6チャクラを連想させます。エネルギーの集まる繊細なこのポイントは、第6感による意識的認識の入り口です。第6感とは、直感、超感覚的知覚、5感では感じ取れないものを知覚する能力であり、あらゆるものと生ける者すべてとをつなぎます。こうした超感覚的知覚により、私たちは感覚、恐怖、信念、感情、エゴの限界を超えることができ、宇宙の巧緻な認識へと到達します。この知覚を会得することで、認識を獲得し、スピリチュアルな力への道が開けるのです。

一方、キリスト教の伝統において、長くまっすぐな角は神の光の放射、神の啓示を象徴しています。汚れた水を清め、毒を見分けるという特徴は、魂をその卑しさから清め、高次元の段階へと導く能力を暗示しているようにも思えます。「純粋」という概念は、ユニコーン狩りの場面での若き処女と結び付いており、物質世界の変転に染まった心と魂を清め、自分の中の暗い力を手なずけ、光と内なる清らかさを目指さねばならないことを示しています。

ユニコーンは自由の象徴とも解釈できます。生物や宇宙のエネルギーとつながり、あらゆる面でまっさらな自分でいることの自由です。新世代の熱心なスピリチュアリティ実践者の中には、ユニコーンはその人だけへのメッセージを運び、涅槃（ねはん）、すなわち解脱への道を照らし出す伝言者だと考える人もいます。

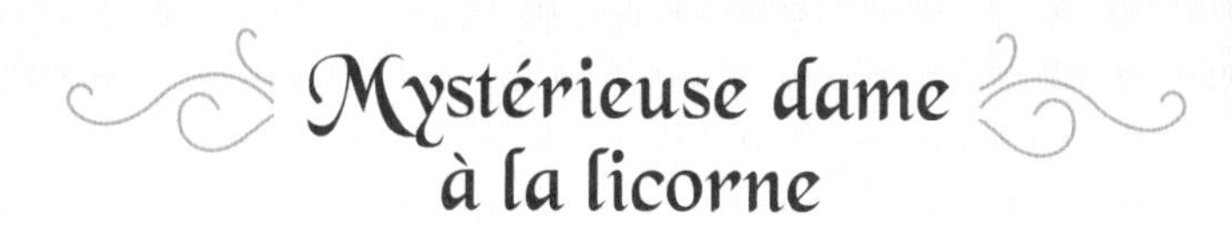

Mystérieuse dame à la licorne

謎に包まれた貴婦人と一角獣

かの有名な連作タペストリー『貴婦人と一角獣』には、少なくとも19世紀、いえ、それ以前から、ありとあらゆるスピリチュアルな解釈が付されてきました。ブサック城（フランス中央部クルーズ県）にあったこのタペストリーは、1841年に作家ジョルジュ・サンドと歴史的建造物調査官プロスペール・メリメにより発見されました。6枚のタペストリーからなるこの素晴らしい作品で、1882年に国有物となり、現在ではパリの国立中世美術館の目玉の1つでもあります。多くの人は、ユニコーンと言えば、まずこのタペストリーを思い浮かべるのではないでしょうか。1500年頃に制作され、様々な解釈がなされてきましたが、今でも謎に包まれたままです。ユニコーン人気は、18世紀に入り、合理性を重んじる啓蒙思想によってすっかり色あせていましたが、19世紀のこの発見により再び注目が集まるようになります。

6枚のタペストリーには、ユニコーンがそれぞれ違ったポーズで、ル・ヴィスト（シャルル7世王時代の宮廷の有力者。注文主と考えられる）の紋章と共に描かれています。

これらの作品は5感――触覚、味覚、嗅覚、聴覚、視覚――を表している、というのが現代の解釈で、「触覚」では、貴婦人が角をしっかりと握り、もう片方の手で旗の柄を持っています。「聴覚」では、貴婦人がオルガンを弾き、「視覚」では、一角獣が貴婦人の手にしている鏡を見ています（p.65参照）。「味覚」では、貴婦人が皿から砂糖菓子らしきものを取っていて、「嗅覚」では、貴婦人が花冠を編み、子ザルが女主人を真似てバラの香りを嗅いでいるように見えます。しかし、あらゆる主張や仮説が錯綜するのが、6枚目の作品（右図）です。この1枚だけに「我が

『貴婦人と一角獣』の確認されている最後の1枚「我がただ1つの望みに」。
象徴学的解釈の難しい作品。

ただ1つの望みに」との文言が記されているのです。確かにこのタペストリーには、中世風の大きな天幕など、ほかの作品との違いが少なからずあります。貴婦人は宝石箱に首飾りを置いている、あるいは取り出しているように見えます。このしぐさや場面をどう解釈すべきでしょうか。第6感の寓意（アレゴリー）なのでしょうか。中世の概念では、第6感は心であり、心は道徳的な命、物質的な命、精神的な命の源で、意識の高揚への入り口でもあります。この意識の高揚、変化こそが、貴婦人のただ1つの望みなのだと考えることもできます。それとも、フランスの歴史家アラン・エルランド=ブランダンブルグの考えるように、感覚の放棄を描いているのでしょうか。あるいは、直感を表しているのでしょうか。錬金術の「大いなる業（わざ）」（金でないものを金に変容させる作業）を表現しているのでしょうか。はたまた最初の5枚とは別のシリーズ作品の一部なのでしょうか。

失われたタペストリー

フランスのブサック城で見つかったタペストリーは6枚でしたが、作家ジョルジュ・サンドは8枚見たと言っています。どうやらこれらタペストリーは、ベッドカバーやカーペットとして使われていたようです。2枚についての痕跡は一切残っておらず、同じシリーズのものだったのかさえ不明です。唯一の手がかりであるジョルジュ・サンドの証言によれば、貴婦人が玉座に堂々と座り、2頭のユニコーンに挟まれてなでている、という構図だったようです。ライオンの登場しないこのタペストリーで、2頭のユニコーンはどのような役割を担っていたのでしょう。貴婦人はライオンとユニコーンが象徴する何かしらの対立から解放されたのでしょうか。とすると、ユニコーンはより高次元の意識への到達を意味しているのでしょうか。何世紀もの間、ユニコーンは孤独な動物だと考えられていたこと、図像作品で複数のユニコーンが描かれることはほぼなかったことを考えると、この解釈はそう的外れではないようです。ジャン・シュヴァリエとアラン・ゲールブランの『世界シンボル大事典』によれば、向かい合う2頭のユニコーンは2つの価値——処女性

LA DESCRIPTION DE GEORGE SAND, SEUL TÉMOIGNAGE SUR LES TAPISSERIES DISPARUES :

失われたタペストリーについての唯一の証言:
ジョルジュ・サンドによる描写

「これらの作品のうち1枚では、美しい貴婦人が正面に向かって座っており、それぞれの手で大柄な白いユニコーンをなでていた。ユニコーンは大紋章の2頭のサポーター（両側から中央の盾を支える構成要素）のようで、立ち上がって、旗と槍を持っていた。また、貴婦人は素晴らしい玉座に座り、天蓋やきらびやかな装いには、どこかアジア的なものがあった」

と豊穣――の激しい内的衝突を表しています。このタペストリーのユニコーンは向かい合っていないので、対立の変容と、より高次元の意識への到達を表現していると考えることができます。

鏡に映る麗姿

中世末期になると、『貴婦人と一角獣』の「視覚」のように、乙女が鏡を手にしてユニコーンを魅了する場面が描かれるようになります。
様々な文化において、鏡は無垢の魂、意識、調和のシンボルであり、宮廷愛を謳った詩人王ことナバラ王テオバルドⅠ世も、顔は心の鏡と語っています。

『貴婦人と一角獣』の「視覚」で、貴婦人の持つ鏡に映ったユニコーンの姿。何らかの意味が込められていると考えられる。

Créature de rêve

夢の生き物

夢は無意識の表出の1つであり、精神分析学の祖フロイトは夢を、謎解き、イメージを通した筆記、深遠な心的過程の露出と考えました。フロイトを信奉する精神分析学医たちの理論によれば、ユニコーンの角は男根の象徴、エディプスコンプレックス（3〜6歳の男根期に生じ始める父性への反発と母性への思慕といった無意識的葛藤）の暴露ということになります。一方で、フランスの精神分析医ジャック・ラカンの弟子セルジュ・ルクレールは、ユニコーンに特別な意味を付しました。彼が1960年代の学会で発表した、「一角獣の夢」として知られる、ある被分析者の夢をご紹介しましょう。

ユニコーンは昔から現在に至るまで夢、想像、無意識の産物だった。

L'INTERPRÉTATION PSYCHANALYTIQUE DU RÊVE DE LICORNE

一角獣の夢の精神分析

「この夢は飲みたいという欲望の実現である。自由連想によって、夢の対象がリリーであり、彼がリリーに欲求を抱いていることが明らかになった。リリーは母の従姉妹で、フィリップが3歳のときに大西洋の海辺でひと夏を共に過ごした。この夢の中で実現する欲望は、異性としてのリリーに向かっている。満たされることのない異性への欲望である。この夢の焦点となるのが、一角獣の噴水で飲むという行為である。噴水は村の広場にあり、彼は3歳から5歳にかけての時期に、手を杯のように合わせて水を飲もうとした。長椅子で彼はこの動作を再現したが、これは異性への口唇要求を超えた、声による哀願の欲動の純粋な象徴である。（中略）一角獣（この神話の動物は貞節の象徴であり、伝説によれば、一角獣を捕まえるには、森の中に乙女を置き去りにせねばならない。すると一角獣が寄ってきて膝に角を乗せ、すぐに眠りにつく）には!リリーのり（li(t)：「ベッド」の意味もある）とフィリップが欲しいと望む角（corne：コルヌ）の2つの語が凝縮されており（すなわちlicorne：リコルヌ、ユニコーンの意）、その間隔に含まれる要素に、彼の欲望の換喩（かんゆ）が移動するのである」

ミシェル・ブセルー『フィリップ・ル・クレール、文字に照らされた話す存在（Philippe le Clair, le parlêtre au clair de la lettre）』、
Au risque de la topologie et de la poésie,
Toulouse, Érès, 2011, p.140-156より

「小さな町の人気のない広場で、奇異な場。私は何かを探している。むき出しの足が出てきた。見も知らぬリリアーヌが『こんなに細かい砂を見たのは久しぶりだわ』と言う。私たちは森にいて、木は奇妙に鮮やかな単色に見えた。この森にはたくさんの動物がいるに違いないと思い、そう口にしようとすると、一角獣が道を横切った。私たちは一角獣と一緒に、空き地があると思しき低地に歩いていった」

ルクレールはこの夢の話を、「無意識のテクスト」あるいは「ヒエログリフテクスト」と呼んでいます。その名の通り、この夢はリリー、海辺、渇き、砂、肌、足、角という言葉からなる無意識の連鎖であり、これらの言葉と音を結ぶと、「リコルヌ(ユニコーン)」にたどり着きます。精神分析の世界では、この種の解読を通して、様々な解釈や議論が生まれ、一角獣の夢はある意味で、ラカン精神分析の基本モデルとなりました。無意識はシンボル、イメージ、言葉、現象を通して現れることがあり、あらゆる組み合わせや置き換えを利用することがあるのです。

騙されて……

若き処女と対峙する場合は別として、
無敵と名高いユニコーンが
負かされる場面を描いた作品は、
あまり見当たりません。
けれども、グリム童話『勇ましいちびの仕立て屋』の
ユニコーンはまんまとやっつけられてしまいます。
ちびの仕立て屋は巨人たちを倒し、
最後にユニコーンの猛烈な攻撃をかわして、
角は木に刺さって動けなくなってしまいました。
このユニコーンは世の中の恐怖や危険の象徴であり、
物語は主人公が知恵と勇気をもって
恐怖や障害を克服しながら成長する話だと
考えることもできます。

ル・オフターディンガーによる、グリム童話『勇ましいちびの仕立て屋』の挿絵。1885年頃。

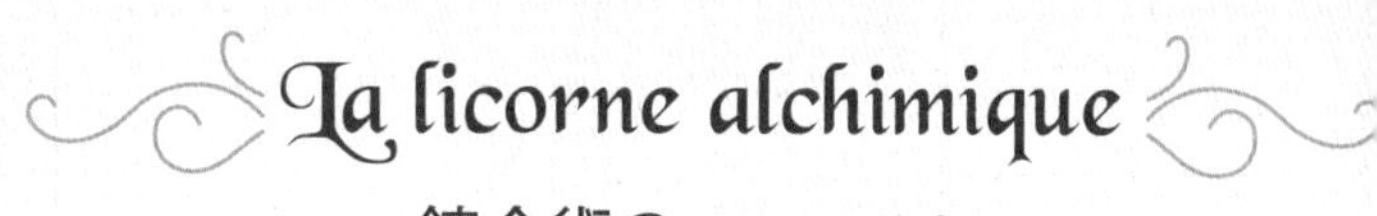

La licorne alchimique

錬金術のユニコーン

ユニコーンには錬金術的な解釈が付されることもあります。錬金術師の手によるものとされる一部の著作や作品にはユニコーンが登場し、明らかに両者との結び付きが認められます。精神分析医カール・グスタフ・ユングも、錬金術の歴史におけるユニコーンの存在に強い関心を抱きましたが、実際の中世やルネサンス時代の人々よりも、その存在をさらに重視しているようにさえ見えます。この秘教の世界では、ユニコーンは副次的要素で、比較的後期に注目を浴びました。

トマス・アクィナス著とされる『アウロラ・コンスルゲンス（*Aurora consurgens*）』は、ユングにより再発見された中世の錬金術の論文で、ユニコーンについての言及があります。16世紀末にはラムスプリンクが、その著書『賢者の石について（*De lapide philosophico*）』で、森・鹿・ユニコーンの三位一体をモチーフとした錬金術の詩を発表しました。

三位一体とは人間の3つの部分、体・魂・精神を表しており、16世紀の錬金術師パラケルススの理論によれば、物質を構成する3原質、水銀・硫黄・塩に呼応しています。

ヨハン・ダニエル・ミリウスの著『改革哲学（*Philosophia Reformata*）』には、哲学の木が登場します。木には完璧の5段階を表す5つの星と太陽と月があり、その周囲を錬金術の段階を示すメダイヨン（円形）が取り囲んでいます。その中の1つ、青々とした低木（バラの木かもしれません）の下に座るユニコーンを描いたメダイヨンは、錬金術の大いなる業（p.91参照）の7段階の1つを表していると考えられます。毒を無力化するなどの力を備えたユニコーンは、錬金術の変性（卑金属を金に変えること）を左右するとされます。ユニコーンの存在によって、物質が精神的なものへと変

ヨハン・ダニエル・ミリウス著『改革哲学』の哲学の木。
象徴的な木で、ユニコーンはバラの木の下に描かれている。

容するのです。ユニコーンは性などの二元性を超越した存在であり、ユングは、ユニコーンは錬金術が目指す、相反するものの和合、対立の統合の象徴であると唱えました。タペストリー『貴婦人と一角獣』の6枚目の作品も、錬金術の奥義を秘めた『賢者の住居（*Demeure philosophale*）』（20世紀フランスの錬金術師についての研究を残したフルカネリの著作のタイトル）を想起させます。感覚の喜びを超越し、宝石という物質的豊かさを脱ぎ捨てた貴婦人は、神聖なるものに向かい合い、ひたすら空との調和を希求しているのかもしれません。

La religion de la Licorne rose invisible

宗教と見えざるピンクのユニコーン

「見えざるピンクのユニコーン（Invisible Pink Unicorn）」をご存じでしょうか。知らなくても当然です。何しろ実在しないのですから。正確に言えば、有神論（神の存在やその影響を実在するものとして論じる信仰や教義）の理不尽さを暴くパロディの中に存在しています。ユニコーンについてのスピリチュアルな解釈とは逆に、このパロディは信仰の逸脱や、教義が内包する矛盾を指摘しています。

このサテュロス（ギリシャ神話に登場する精霊。半人半獣の姿）のような偽女神は、1990年代にインターネットの、主に英語圏の掲示板に出現しました。さらにアイオワ大学の学生グループがマニフェストを発表して新宗教の教義を確立し、ユニコーンは目に見える形で存在（ここまでくると矛盾の矛盾）するようになったのです。

このユニークな宗教の神についての「聖書」はなかなかの傑作で、信者たちはその教えを広げました。新たな聖書には新たな『創世記』が収録されています。「はじめに現実は天と地とをつくった。存在していたものは存在し、存在していないものは存在しなかった。闇は光が照らし出さないものを覆っていた。光でも闇でもないものは『彼女』、ピンクのユニコーンだった。ユニコーンは言った。『それぞれのものが私の姿に似て存在するように』。すべてがピンク色になった。つねに物事はそうだったのだから。ユニコーンはピンクを見て、よしとした。ユニコーンは光と闇からピンク色を切り離し、光を啓蒙、闇を消化と呼び、つねに存在していた時間であるピンクを創造と呼んだ」

見えざるピンクのユニコーンのロゴは、サークルの中に描かれたユニコーンの頭部のデザインで、無の記号に似ています。見えざるピンクのユニコーンの出現を描いた絵画や写真もありますが、何の変哲もない場所や風景ばかり。見えないのですから当然です。

見えざるピンクのユニコーンは、痕跡だけがその存在を示している。

LE MANIFESTE DE LA LICORNE ROSE INVISIBLE

見えざるピンクのユニコーンのマニフェスト

「見えざるピンクのユニコーンは大いなるスピリチュアルな力を持った存在。透明かつピンクにもなることができるので、私たちもその存在を知ることができる。あらゆる宗教同様、見えざるピンクのユニコーン信仰は理論と信心の両方に基づく。ピンクであることの唯一の根拠は信心だが、見えざることは理論的に理解できる。私たちは目にすることができないのだから」

ミイーリー・スティーヴ

DOGMES DE LA LICORNE ROSE INVISIBLE

見えざるピンクのユニコーンの教義

ユニコーンは透明であると同時にピンクである。これは真の信者だけが理解できる神秘である。

・見えざるピンクのユニコーン教は、理性（決して目に見えないという事実）と信仰（ピンクであることを信じる心）に根ざしている。

・見えざるピンクのユニコーンはピザ、パイナップル、ハムに目がない。

・ユニコーンは見えないが、靴下の紛失を通して物理的に出現する。ユニコーンはよく靴下を「くすねる」。洗濯カゴから靴下がなくなったら、見えざるピンクのユニコーンの好意あるいは不興の「印」かもしれない。どちらなのかは、靴下をなくした人やなくなった靴下のタイプによる。

・出現のもう1つの印としては、洗濯物がピンク色に染まることが挙げられる（不信心者はこれを単なる色落ちとしか考えない）。

・一部の宗教には悪魔が存在しているが、見えざるピンクのユニコーンにも敵がいる。紫の牡蠣である。かつて紫の牡蠣は見えざるピンクのユニコーンに仕えていたが、ユニコーンはハム＆パイナップルピザよりもキノコ＆ピーマンピザの方が好きだとする異端の正当性を信者に広めようとしたかどで牧場から追放され、絶対悪に追いやられた。「カラスムギと干し草の日」と呼ばれる最後の審判の日には、紫の牡蠣は赦されて、再びユニコーンに仕えるようになると言われる。

見えざるピンクのユニコーンに関する
フランス語版ウィキペディアのページからの転記

►森にいる見えざるピンクのユニコーンを写した希少な写真。

CHAPITRE VI

Licorne-mania

ユニコーンマニア

ユニコーンは遠い昔の遺跡から引っ張り出された古びたシンボルなどではありません。それどころか、今でもしっかりと生き続けていて、私たちの社会にも広く浸透しているのです。ユニコーンマニアの現象は、SNSやネット販売、ショップを通じて急速に拡散しています。時と共に対立や差異を統合する不可思議な生き物。明確に定義されておらず、様々な論が飛び交ってはいるけれども、融和を象徴する存在。それがユニコーンなのです。

La licorne est partout

ユニコーンがいっぱい

ユニコーンには実に様々な語り口があることに異論の余地はありません。何でもありとばかり、ありとあらゆる言及や商品があふれ、消費社会から生まれた一マーケティング商品として流通しています。けれども現代のユニコーンもまた、従来のシンボルの流れに組み込まれており、現代性というささやかなプラスアルファを伝統に添えています。現代のユニコーンはあらゆる非凡なもの、知られざるもの、普通ではないもの、規格外のもの、社会や心の狭量を超えたものを体現していて、あらゆる面での「最上」を意味しています。現代のユニコーン現象を理解するための鍵も、どうやらこのあたりにありそうです。

ユンコーン中毒はあらゆる場所にはびこっていて、特異なスタイルですぐにそれとわかる。

◀ ユニコーンの不思議でカラフルな世界は国境や常識を超える。

La licorne sur les écrans

銀幕のユニコーン

この世のものならぬユニコーンにとって、アニメは理想的な活躍の舞台。ユニコーンが登場するだけで、子どもだけでなく、童心に戻った大人たちも目を輝かせます。

アニメではユニコーンのシンボルを通して、神秘的で超自然的なものが表現されます。アニメ映画『怪盗グルーの月泥棒』のアグネスはピンクのユニコーンのぬいぐるみを持っていて、お菓子でユニコーンをおびき寄せようと森へ向かいます。けれども寄ってきたのはユニコーンではなく山羊！遠い昔、ユニコーンが山羊だったことをちらりとほのめかしています。『塔の上のラプンツェル』のウラジミールはずんぐりとして粗野なようでいて、優しい心の持ち主。小さなユニコーンを集めています。そう、ユニコーンはどんな人の心の中にも入り込み、思いもかけぬ人がユニコーン中毒だったりするのです。

ユニコーンが主演の映画もあります。1982年の日米合作アニメ映画『最後のユニコーン』はピーター・S.ビーグルによる同名の小説が原作で、同氏が映画の脚本も手がけました。愛らしい優雅なユニコーンは自分が最後の一頭であることを知り、仲間を探しに旅に出ます。ファンタジー版ロードムービーで、善良な魔法使いの落ちこぼれや、ロビンフッド気取りの山賊キャプテン・カリーの情婦など、個性的なキャラクターが登場します。ユニコーンの真の姿を見ることができるのはほんの一握りの人たちだけで、たいていの人の目には単なる白馬にしか映りません。ユニコーンたちはハガード王の指図で、炎の牡牛により海に閉じ込められていました。けれどもハガード王の息子リーア王子は、魔法使いの不手際で美しい娘の姿に変えられたユニコーンに心奪われます。ユニコーンは魔法使いの力で元の姿を取り戻し、牡牛と対決しますが、海へ追いやられ、絶体絶命のピンチに。王子はユニコーンを窮地から救いますが、命を落としてしまいます。力を得たユニコーンが、牡牛を海へ追い詰めると、巨大な泡が押し寄せて、海に閉じ込められていたユニコーンたちが戻ってきました。ユニコーンは王子の命をよみがえらせ、王の城は崩壊するのです。

ユニコーンの魔力、純粋さ、内なる美のオーラを表現したアニメもあります。タペストリー『貴婦人と一角獣』からインスピレーションを得て制作されたと言われるフランスのアニメ映画『U(ユ)』では、ユニコーンが主人公で、育ての親から愛されずにひどい仕打ちを受ける少女モナを助けます。

AGNÈS ET LES LICORNES
アグネスとユニコーン

『怪盗グルーの月泥棒』のアグネスはカフェで、ユニコーンを見たことがあるという男と出会います。「本物の生きたユニコーンを見たの? どんなふうだった? なでられた? キャラメルのにおいがした? 柔らかかった?」と聞くアグネスに男は、「あまりにも柔らかくて、死ぬかと思ったよ」と答えます。この2人の会話では、古代から伝わる象徴と現代の少しズレた感覚が奇妙に組み合わさっています。

Licornes à la mode MLP, My Little Pony

MLP(マイリトルポニー)のユニコーン

ユニコーンマニアなら誰もが知るMLP(マイリトルポニー)は、現代版ユニコーンの一味違った顔を見せてくれます。世界中の子どもたちをファンタジーの世界へと誘い、楽しませてきたアメリカのTVアニメ「MLP」。中でもローレン・ファウストが指揮・監修したテレビアニメ『マイリトルポニー ～トモダチは魔法～』は当時から現在に至るまで大変な人気となり、これがきっかけとなって1980年代にハズブロ社が玩具を商品化しました。レインボーカラーのポニーに、それぞれのスタイル、性格、考え方、特技があることが、子どもたちに愛される秘密でしょう。

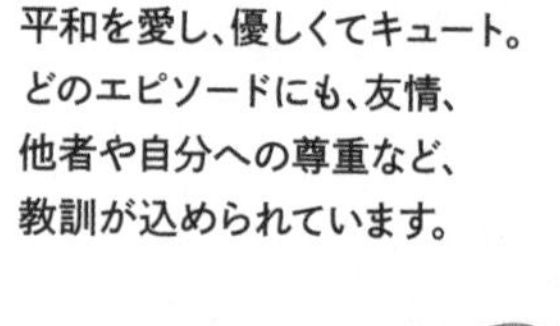

様々なトラブルに巻き込まれながらも、
協力して乗り越えるポニーたちは、
平和を愛し、優しくてキュート。
どのエピソードにも、友情、
他者や自分への尊重など、
教訓が込められています。

世界中で人気のMLP。
魔法の時間を夢見るのに、
年齢は関係ない。

ユニコーンマニアには国境も季節も年齢も存在しない！

普通のポニー、翼の生えたポニー（ペガサス）、ヒッポカンポス（ギリシャ神話に出てくる馬の胴体に魚の尾がついた怪物）のような水に住むポニー、そしてもちろん一角ポニーも登場します。

様々な神話や幻想の生き物が登場するMLPのヒロインは、トワイライトスパークルという名の紫のユニコーン。彼女の先生であるプリンセスセレスティアはアリコーン（ポニー、ユニコーン、ペガサスの血を受け継ぎ、さらに強い力と永遠の命を備えている）で、エクエストリアの国を治めています。のちに、トワイライトスパークルもアリコーンになります。

このシリーズの鍵となっているのが緻密なシナリオ、ユーモア、ダイナミックなアニメーション、リアルな美的センス、価値観、夢で、美しい音響が全体をダイナミックに引き立てています（賞を受賞した楽曲もあります）。主なファン層は子どもですが、ヤングアダルトにも人気で、ブロニーというインターネットコミュニティもあります（ブロニーは「兄弟（ブラザース）」と「ポ

ニー」を組み合わせた造語)。15歳から35歳までの男性を中心に約4万人ものメンバーがいて、インターネットイベントを企画したり、ラジオ番組に出演したり、ウェブにゲーム、絵、歌を投稿したりしています。また定期的な集まりも開催され、ぬいぐるみを抱えて、角とバッジをつけたメンバーたちが集まって、交流したり、関連商品で遊んだり、グッズを売買したりしています。

角に超自然的な力があるとする伝統的な説を踏襲して、MLPのユニコーンたちも、テレポーテーション(瞬間移動)ができたり、ものを持ち上げたり、人の心を読んだり、未来を予知したり、光や熱をもたらしたりと、特殊な能力を持っています。

AU CŒUR DES BRONIES
ブロニーのコミュニティ

ブロニーはMLPを愛する人で構成された世界的コミュニティで、1980-90年代の伝説的なTVシリーズや映画で育った世代を主な対象としています。メンバーはMLPシリーズの倫理的価値観、感性、ポジティブさ、明るさ、鋭いセンスで取り上げられるテーマを愛することを宣言します。MLPには様々な映画作品へのオマージュがちりばめられていたり(映画ファンなら『ビッグ・リボウスキ』『ハリー・ポッター』『スターウォーズ』『ゴーストバスターズ』の要素を見逃さないはず)、政治や社会テーマについての皮肉(あくまで皮肉なのであえて真剣に受け止めないこと)が見え隠れしていたりして、それがファンを惹きつけます。

La licorne en bande dessinée

漫画の中のユニコーン

ユニコーンは漫画にも多くのインスピレーションを与えました。例えば、『タンタンの冒険』の「なぞのユニコーン号」。ただし、作者エルジェはユニコーンをシンボルとして登場させるのではなく、単に船の舳先に描いているだけです。

ユニコーンを主人公にした漫画もあります。1970年代末に発表された手塚治虫の『ユニコ』に登場する、小さなパステルブルーのユニコーンもその1つで（作者手塚治虫は『鉄腕アトム』などの作品を手がけ、日本では漫画の神様と呼ばれています）、数年後には映画化もされました。不思議な力、特に自分を愛してくれる人に永遠の幸せをもたらす力を持つユニコが時間と空間を旅する、美しく詩情にあふれたストーリーです。この不思議な力に嫉妬したビーナスは、ユニコを神話の国から追放してしまいます。

今までとは違った解釈の、温かみあふれるユニコーン。

ユニコは様々な時代や場所を旅して、出会った人々をその力で助けますが、旅が終わるごとに記憶は消えてしまいます。人々の姿を変えたり、飛んだり、声を真似たりすることができ、愛と友情によって力が倍増しますが、友情が傷つくと力も弱まってしまいます。

より高い年齢層を対象にしたユニコーン漫画もあります。例えばマテュー・ガベラ原作、アントニー・ジャン作画の『ユニコーン（*La Licorne*）』は、16世後半を舞台にした医師アンブロワーズ・パレの物語。謎の死を遂げた高名な解剖学者たちについて調べていくうちに、驚くべき事実が徐々に明らかになっていきます。史実とはまったくかけ離れたストーリーですが、ユニコーンにまつわる要素にヒントを得ていることは明らかです。

ROBOT UNICORN ATTACK

ロボットユニコーン・アタック

オンラインゲーム好きなら、2010年のiOS、アンドロイド、フェイスブック向けゲーム『ロボットユニコーン・アタック（*Robot Unicorn Attack*）』をご存じでしょう。2つのボタンだけで白いユニコーンロボットを操作するゲームで、レインボーカラーの尾を持つユニコーンが、少女趣味でキッチュな背景（花、ビビッドカラー、星、キラキラ、フェアリーなど）の中を進んでいきます。唯一の攻撃はxボタンで操作するレインボーダッシュ（MLPのキャラクターの名前）。とても単純なゲームですが、発表と同時に人気となり、マニアの間では大きな話題となりました。

ユーモラスな現代版ユニコーン。

アリコーン

ユニコーンの中には翼が生えているものもあり、
アリコーンと呼ばれます。
角の力とペガサスの力を併せ持つアリコーンは最強。
ファンタジー作品にたびたび登場し、
特に玩具や子ども向けTVシリーズ（MLPなど）でおなじみです。
翼の生えたユニコーンは、アイルランドの
詩人ウィリアム・バトラー・イェイツが1907年に書いた
『星から来た一角獣（*The Unicorn from the Stars*）』や、
もっと時代をさかのぼった東方の紋章にも登場します。

La licorne, emblème kawaii

「カワイイ」ユニコーン

ユニコーンは「カワイイ（Kawaii）」文化でもひっぱりだこ。「カワイイ」は日本をはじめとするアジアの国々に広く浸透するコンセプトで、日本語では可憐、愛らしい、幼い、誠実、繊細、未熟、か弱いなどいろいろな意味がありますが、簡単に言えば、子どもっぽい立ち居振る舞い、服、趣味などを指します。一見女性向けのコンセプトのようでいて、意外にもあらゆる年齢層、社会文化層に広がっています。

「カワイイ」ファンはパステルカラーやビビッドカラー、プリンセスやユニコーンのコスプレ、ハローキティやミニーマウスやピカチュウのアクセサリーが大好き。

西欧の人の目にはこうした流行や文化は幼く映りますが、日本の文化的・社会的プレッシャーに対する抵抗運動とも解釈することができます。大人の入り口に立つ若者にとって、こうしたプレッシャーはあまりに重く、規範

フカフカ、キラキラのユニコーンスリッパはいかにも履き心地がよさそう！

AU QG DES LICORNETTES

ユニコーンの聖地

ユニコーンカフェをご存じでしょうか。タイの首都バンコクにあるこのカフェは、ありとあらゆる種類のユニコーンで埋め尽くされていて、まさにカワイイ文化の聖地。現代のカワイイ文化では、ユニコーンは最も定番のシンボルの1つです。カフェは一面パステルカラー（特にピンク）で埋め尽くされ、玩具、ぬいぐるみ、ボール、カップ、家具など無数のユニコーングッズが飾られています。すべてはユニコーン&レインボー！乗り物、コスプレ、さらに食べ物まで！ユニコーンを象徴する角と虹が、料理やハンバーガーやカラフルなデザートを引き立てています。世代を問わず、ユニコーン中毒なら要注目のカフェです。

ユニコーンの世界観で埋め尽くされたユニコーンカフェ。

ユニコーンに変身して不思議の世界へ。

や仕事や孤独が息苦しく感じられるのかもしれません。また、自分の弱さやありのままの自分を表現する一手段と見ることもできます。日本の「カワイイ」文化は成人層にもおよび、女性の極度に幼稚なふるまいや、ものの扱いにも影響しています。西欧にもカワイイ文化が入ってきてはいますが、こうした影響は見られません。

日本人の一部には、漫画のコスプレで堂々と職場や買い物に行く人がいることもあり、着ぐるみが発達しました。着ぐるみとは全身を包むもので、中でもユニコーンは人気のキャラクターです。こうした特定のテーマの着ぐるみは欧米にも入ってきて、パジャマや部屋着（さすがに外出はできないので）として定着しつつあります。少女たちは夜になると着ぐるみを着、角のついたフードをかぶってご満悦の様子。ユニコーンはカワイイ文化のマストアイテムで、こうしたグッズを身に着けることで、幼少期の価値観や心地よさや純粋さ、夢や軽やかさへの愛着を表現しているのです。このような現象は一大ビジネスを形成しており、その影響はアジア圏を超えて広がっています。

Le market-licorne
ユニコーン市場

マーケティングもユニコーンを放っておくわけがありません。あらゆる点で不可思議の象徴であるユニコーンは、子ども向けの玩具やアクセサリーに使われています。フィギュア、パジャマ、スリッパから、ぬいぐるみ、クッション、消しゴム、目覚まし時計まで、商品はよりどりみどり。ユニコーンビジネスの想像力が膨らみ続ける限り、商品リストは長くなる一方です。

コーヒーカップ、マグカップ、キャンドル、USBメモリ、衣類（パンツや靴下も含む）など、大人向けの日常品でもユニコーンが大活躍です。

こうした商品の中には、非日常的で奇妙な、ときにはあり得ないほど理不尽でズレたものも。例えば猫につける角。馬にもつけられるそうです。

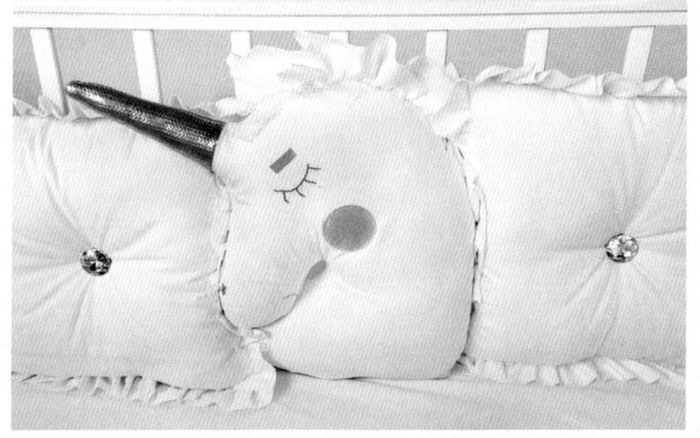
ユニコーンは使い勝手のいいマストアイテム。

巨大なエアユニコーン（高さ1.82メートル）を膨らませて部屋に飾れば、不思議な雰囲気が一気にアップすること間違いなし。ファンタジー商品あり、排泄物関連の商品あり。いずれも、純粋な幻想やユニコーンのシンボルがポイントです。ファンタジー商品としては、スプレーするとキラキラ光るユニコーン消臭剤や、缶に入ったユニコーンドリンク、ユニコーンや虹のルームスプレーやユニコーンの涙入りリキュールがあります。コスメでも大活躍で、ラメ、キラキラパステルカラーのマニキュアやアイシャドー、レインボーカラーのヘアエクステンションなど幅広く、容器も様々なユニコーンの形をしています。

排泄物関連の商品としては、「ガスの力で虹を吹き飛ばす」ユニコーンの男性用パンツや、ユニコーンをあしらったペットの消臭キャンドルなどがあります。こうした商品からは、ユニコーンの排泄物なら現実離れしていて、カラフルで、いい香りという、なかなかほほえましいコンセプトが伝わってき

ユニコーンは逃避願望もかなえてくれる。

ユニコーン現象はお菓子作りにまで。甘くて愛らしいユニコーンスイーツ。

ます。このカテゴリーの出色商品はまちがいなく、スクワティ・ポティー社のお手洗いの嫌なにおいを消す消臭剤の広告でしょう。スクワティ・ポティー社はアメリカの企業ですが、コメディアングループ、モンティ・パイソン顔負けのとてもイギリス的なユーモアあふれる広告を出しました。小さな愛らしいユニコーンのおならはレインボーカラー。パイプを使ってそのおならを直接ビンに詰め、嫌なにおいを消します。常識外れのこの広告はユーチューバーたちの支持を得て、なかなかの人気となりました。

ユニコーンミルクはいかが？　SNSや書籍では「ユニコーンフード」が広がり、ユニコーンをモチーフにした食べ物や飲み物が紹介されました。ユニコーンミルクはブルックリンのカフェ生まれの隠れた人気商品。スピルリナ（刺激作用があるとされる青緑色の藻）、レモン、生ショウガ、カシューナッツベースの植物性ミルク、アガベシロップやその他の甘味料を使った飲み物で、仕上げはもちろん、カラフルな砂糖です。

Renversement de licornes

ユニコーンの逆転

ユニコーンは現代アーティストにも刺激を与えています。特に造形アートに多く登場しますが、そうした作品はかつての崇高なユニコーン像とはひどくかけ離れています。現代のユニコーンのイメージは意外性にあふれ、理不尽、死、うわべ、幻滅を伝えています。つまり不可思議なものがアンチ不可思議なものへと変えられていくのです。

イギリスのアーティスト、ダミアン・ハーストは、彼自身が現代アートのユニコーンとも言うべき人物で、その作品は信じられないほど挑発的、そして高額。今や最も高額で作品が取引される現代作家と言われています。無数のダイアモンドをはめ込んだ頭蓋骨が有名ですが、ユニコーンを題材にした作品もいくつか手がけています。中でも実物大のユニコーン像は、体の一部が血のように赤く、自然科学の授業で使うエコルシェ（皮膚をはいで筋肉組織を露出させた模型）さながら、筋肉がむき出しになっています。また仔馬に角をつけて、大きなショーケースにホルマリン漬けにしたものも。ハーストはほかの動物でもホルマリン漬けの作品を制作し、動物愛護協会から激しい非難を受けましたが、一部からは根強く支持されています。

ダミアン・ハーストによるユニコーン像はホルマリン漬けにされて、もはや幻想的とは言い難い。

2011年から翌年にかけてパリのコンシェルジュリーで開催された「ベット・オフ」という展覧会にも、ユニコーンをテーマにした作品が展示されました。ここでもユニコーンという古典的なテーマに、大幅な変化が加えられています。Xue Sunの作品は巻き毛で角の生えた生き物の一部を表現し、はく製専門家ルノー・オーギュスト=ドルムイユは、裁断されて壁に釘付けにされた動物を発表しました。コート掛けにかけられた上着のような姿は、ユニコーンの力の衰えを表しています。マイデル・フォルテュネの映像作品には、黒の背景に白いユニコーンが登場しますが、雨のせいで少しずつ白さが消えていき、最後にはユニコーン自体が消えてしまいます。フォルテュネによれば、これは安物や人工物を表しているのだそうです。

Unicorning（ユニコーニング）：
インターネットの中のユニコーン

ユニコーニングとは2012年にアメリカ、ロサンゼルスで生まれたインターネット上のブームで、数か月後には大きな波となってフランスに押し寄せました。もともとアメリカの女性プロデューサーが、友達にユニコーンの被り物を着けてユニークな写真を撮ってネットに投稿したのが始まりで、瞬く間にネットで話題となり、同じような写真やアレンジを加えた写真が投稿され、ユニコーニングという一大ブームを巻き起こしたのです。ルールはごく単純で、公共の場や日常生活でユニコーンの被り物や仮面を着けて写真を撮り、ネットに投稿するというもの。何のために？　目的などありません。あえて言えば、ユニコーンをキーワードに一時のファンタジーや酔狂や突飛なユーモアをネット上の友達と楽しむ、ということくらいでしょうか。ブームはあっという間に下火になりましたが、コンセプト自体にはまだ熱狂的なファンがいて、フェイスブックのページもあり、ユニコーン熱がシェアされています。

最高に突飛な、ビーチのユニコーニング。

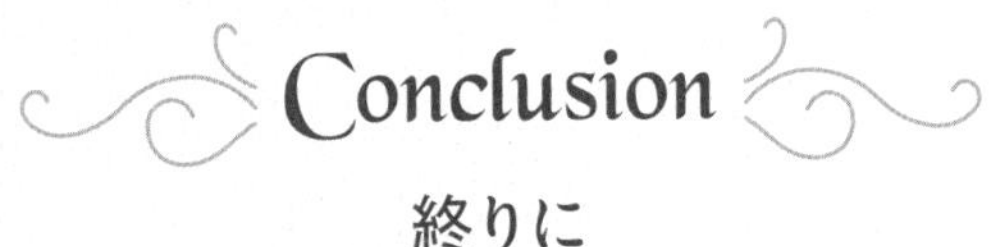

Conclusion
終りに

この本を開いて、読んでくださった（ななめ読みでも）ということは、あなたの心はすでにユニコーンの波長に揺れていたのでしょう。

神秘の生き物に実体と魂を与え、純粋さ、途方もない力、手の届かないもの、驚異を目に見える形にした歴史や伝説について、おわかりいただけたかと思います。

現代の情報過多社会を風靡しているユニコーンマニアは、一過性の流行に過ぎませんが、すべての人の心にひそむ、絶対的なものへの渇望の表れでもあります。

さあ、ユニコーンをあなたの毎日に招き入れましょう。きっとあなたのキラキラ度が増して、世界がファンタジー色に花開くでしょう。ユニコーンに魔法をかけてもらって、内なる童心を目覚めさせましょう。意識をもってユニコーンを心の中に受け入れるのです。それぞれの人の「神」の部分に働きかける力が、ユニコーンにはあるのですから……。

ANNEXES

附録

Bibliographie

参考資料

CHAPITRE I

AUBERT DE LA CHESNAYE-DESBOIS, François-Alexandre et CLAUDE, Jean-Baptiste Bauche, *Dictionnaire raisonné et universel des animaux*, Paris, 1759 http ://gallica.bnf.fr/ark :/12148/btv1b8626698r/f7.image

FAIDUTTI, Bruno, *Images et Connaissance de la licorne* (fin du Moyen Âge – XIXe siècle), thèse de doctorat, Université Paris XII, auto-édition, 1996 www.faidutti.com/unicorn/theselicorne1. pdf www.faidutti.com/unicorn/theselicorne2. pdf www.faidutti.com/unicorn/unicorn.htm

PARÉ, Ambroise, *Les Discours de la mumie, de la licorne, des venins et de la peste*, Paris, 1582

PASTOUREAU, Michel et TABURET-DELAHAYE, Élisabeth, *Les Secrets de la licorne*, Paris, Éditions de la Réunion des musées nationaux, 2013

THOMAS PARKER, Jeannie, *Chinese Unicorn*, 2007 www.chinese-unicorn.com

VAJRACHARYA, Gautama V., « Unicorns in Ancient India and Vedic Ritual », *Electronic Journal of Vedic Studies* (EJVS) Vol. 17, Issue 2, 2010, 135-147 www.ejvs.laurasianacademy.com/ Unicorn.pdf

アンブロワーズ・パレの実験について：
http://ambroise.pare.free.fr/la_licorne.htm

ユニコーンについての詳細な一般的情報：
http://deslicornesetdeshommes.kazeo.com

CHAPITRE II

BACHOFFNER, Pierre, « La licorne et la pharmacie », d'après S. GUTMANN, *Interessantes über das Einhorn*, Revue d'Histoire de la Pharmacie, 1968 www.persee.fr/doc/pharm_0035-2349_1968_num_56_199_7796_t1_0228_0000_2?q=La+licorne+et+la+- pharmacie+:+S.+Gutmann

FISCHER, Louis-Paul et COSSU FERRA FISCHER, Véronique, *La corne et la corne de licorne chez les apothicaires et les médecins*, Faculté de médecine Lyon-Est, 2011 www.biusante.parisdescartes.fr/sfhm/hsm/HSMx2011x045x003/HSMx2011x045x003x0265.pdf

LAVERS, Chris, *The Natural History of Unicorns, Harper Perennial*, 2010

PASTOUREAU, Michel et TABURET-DELAHAYE, Élisabeth, *Les secrets de la licorne*, Paris, Éditions de la Réunion des musées nationaux, 2013

RABELAIS, François, *Le Cinquième livre des faicts et dicts héroïques du bon Pantagruel*, ch.XXIX, Œuvres complètes

SHEPARD, Odell, *The Lore of the Unicorn*, 1930 Disponible en ligne sur : www.rhinoresourcecenter.com/pdf_files/117/1178936641.pdf

SMITH, Paul J., « Rabelais et la licorne », *Revue belge de philologie et d'histoire*, tome 63, fasc. 3, 1985. Langues et littératures modernes — Moderne taal- en letterkunde. pp. 477-503 www.persee.fr/doc/rbph_0035-0818_1985_num_63_3_3510#

VETTEL, Phil, « Telling the living truth about the unicorn », *Chicago Tribune*, 1985 http ://articles.chicagotribune.com/1985- 10-18/entertainment/8503110287_1_lancelot-ringling-brothers-animal

アンブロワーズ・パレの実験について：
http://ambroise.pare.free.fr/la_licorne.htm

角について：
http://terrefuture.blog.free.fr

リングリング・サーカスのユニコーンについて：
www.youtube.com/watch?v=0AETIsYfXPs

CHAPITRE III

聖書での言及について：
GODBEY, Allen H, « The Unicorn in the Old Testament », The American Journal of Semitic Languages and Literatures, Juillet 1939, vol. LVI, pp. 256-296

ヒエロニムス・ボス、三連祭壇画『快楽の園』、15 世紀末から 16 世紀初頭（絵画）

ルーカス・クラーナハ『エデンの園』、1530 年（絵画）

ヤン・ブリューゲル（父）『楽園の風景とノアの箱舟の乗船』、1596年（絵画）

ヤン・ブリューゲル（子）『アダムの創造』、17世紀（絵画）

WINTROUB, Michael, « L'ordre du rituel et l'ordre des choses : l'entrée royale d'Henri II à Rouen (1550) », Annales HSS, mars-avril 2001 n° 2, pp. 479-480 www.persee.fr/doc/ahess_0395- 2649_2001_num_56_2_279958

SOWLEY, Katherine Ilsley, La Tenture de la Dame a la licorne : la figure féminine au service de l'image masculine, thèse de doctorat, université de Strasbourg, 2012 https ://tel.archives-ouvertes.fr/ tel-00915155/file/SOWLEY_Katherine_ 2012_ED_519.pdf

CHAPITRE IV

ZELAZNY, Roger, *Le Signe de la Licorne*, Éditions Denoël, 1975
〔ロジャー・ゼラズニイ『真世界シリーズ3 ユニコーンの徴』岡部宏之訳、ハヤカワ文庫SF、1980年〕

ダンジョンズ & ドラゴンズについて：
www.fracademic.com/dic.nsf/frwiki/1022026

アザーキン現象について：
www.lemonde.fr/cultures-web/article/2014/05/20/pas-completementhumains-la-vie-enligne-des-therianset-otherkins_4410306_4409029.html6

いっかくじゅう座について：
www.cosmovisions.com/mon.htm
www.astronoo.com/fr/articles/etoile-monocerotis-v838.html
https://hubble25th.org/images/12s
（英語）

ハリー・ポッターの中のユニコーンについて：
http://fr.harrypotter.wikia.com/wiki/Licornem

CHAPITRE V

BOUSSEYROUX, Michel, « Philippe le Clair, le parlêtre au clair de la lettre », *Au risque de la topologie et de la poésie*, Toulouse, érès, 2011, p. 140-156 (一角獣の夢の分析)

CAROUTCH, Francesca, Yvonne, *La licorne : symboles, mythes et réalités, Pygmalion*, 2002

DELAHAYE Élisabeth, « Les tapisseries de La Dame à la licorne », Communications, thématique : *Langage des sens, année 2010* www.persee.fr/doc/comm_0588-8018_2010_num_86_1_2536 MYLIUS, Daniel, Johann, Philosophia Reformata (第２部のはじめ)

PASTOUREAU, Michel et TABURET-DELAHAYE, Élisabeth, *Les secrets de la licorne*, Paris, Éditions de la Réunion des musées nationaux, 2013

SAND, George, « Un coin du Berry et de la Marche : les tapisseries du Château de Boussac », *L'Illustration*, 3 juillet 1847 www.amisdegeorgesand.info

TRICOT, Monique, analyse du « rêve à la licorne », *Les rencontres des samedis à Dijon*, Cycle de recherche sur le rêve, 2009 – 2e session

『貴婦人と一角獣』について：
www.musee-moyenage.fr/collection/oeuvre/la-dame-a-la-licorne.html

見えざるピンクのユニコーンについて：
https://fr.wikipedia.org/wiki/Licorne_rose_invisible
www.pinkunicorn.net (英語)

フェイスブック：
https://www.facebook.com/pg/Temple-DeLaLicorneRoseInvisible

CHAPITRE VI

MLP ブロニーのフランスコミュニティ：
http://mlp-france.com

ブロニーについての記事：
CLAIROUIN, Olivier, « Plongée dans le monde enchanté des " Bronies ", ces adultes fans de " Mon Petit Poney ", Le Monde.fr, 2014
http://hitek.fr/actualite/dossier-my-little-pony-mouvement-brony_2936

バンコクのユニコーンカフェについて：
GODFRYD, Aude, « Un café rose bonbon dédié aux licornes à Bangkok », Le Figaro.fr, 2016
https://www.lefigaro.fr/voyages/2016/10/06/30003-20161006ARTFIG00063-un-cafe-rose-bonbon-dedie-aux-licornes-a-bangkok.php

ユニコーン消臭剤について：
NICODÈME, Margot, « WTF : la pub la plus déjantée du monde avec un désodorisant à base de pets de licorne ! », www.bibamagazine.fr, 2016
www.bibamagazine.fr/insolite/drole/wtf-la-pub-la-plus-dejantee-du-mondeavec-un-desodorisant-a-base-depetsde-licorne-!-video-61535

造形アートについて：
http://taxidermiste.net/project/renaud-auguste-dormeuil-gloriosus-amsterdam/
https://www.boumbang.com/damien-hirst-vs-john-rankin-waddell/
https://www.youtube.com/watch?v=GMCX1hq-tGI

ユニコーニングについて：
DEROY, Guillemette, « L'unicorning, le nouveau phénomène du web », Cosmopolitan
www.cosmopolitan.fr/,l-unicorning-le-nouveau-phenomene-du-web,1879823.asp
www.facebook.com/pg/TheUnicornArmyUA4L

本書で言及されている書籍の邦訳（初出順）

クテシアス
『ペルシア史／インド誌（西洋古典叢書）』
阿部拓児訳、京都大学学術出版会、2019年

オットー・ゼール
『フィシオログス』
梶田昭訳、博品社、1994年

マルコ・ポーロ
『マルコ・ポーロ東方見聞録』
月村辰雄、久保田勝一訳、岩波書店、2012年

ピロストラトス
『テュアナのアポロニオス伝1』
秦剛平訳、京都大学学術出版会〈西洋古典叢書〉、2010年

ペトラルカ
『凱旋』
池田廉訳、名古屋大学出版会、2004年

ルイス・キャロル
『鏡の国のアリス』
高山宏訳、東京図書、1980年他

ルイス・キャロル
『不思議の国のアリス』
石川澄子訳、東京図書、1980年他

J.K.ローリング
『ハリー・ポッター』全19巻、
松岡佑子訳、静山社、2013年他

C.S.ルイス
『ナルニア国ものがたり』全7巻、
瀬田貞二訳、岩波少年文庫、2000年他

ジャン・シュヴァリエ、アラン・ゲールブラン
『世界シンボル大事典』
金光仁三郎共訳、大修館書店、1996年

グリム兄弟
『勇ましいちびの仕立て屋』
野村泫訳、筑摩書房
〈決定版完訳グリム童話集1〉所収、1999年

ラムスプリンク
『賢者の石について』
有田忠郎訳、白水社〈ヘルメス叢書4〉所収、1977年

ピーター・S.ビーグル
『最後のユニコーン』
鏡明訳、ハヤカワ文庫、1979年

エルジェ
『タンタンの冒険旅行 なぞのユニコーン号』
川口恵子訳、福音館書店、1983年

聖書については、日本聖書協会、1955年改訳から引用

Crédits iconographiques

Couverture : Bridgeman images
Fonds et éléments graphiques : iStock et Shutterstock

Bridgeman images
p.12 : Bridgeman Images ; p.13 : Werner Forman Archive ; p.15 : British Library Board ; p.17 : Bridgeman Images ; p.23 : British Library Board ; p.24 : British Library Board ; p.28 : British Library Board ; p.30 : Bridgeman Images ; p.31 : Agostini p.icture Library / R. Bardazzi ; p.34 : Bridgeman Images ; p.41 : Bridgeman Images ; p.43 : Look and Learn ; p.46 : Bridgeman Images ; p.48 : A. Dagli Orti / De Agostini p.icture Library ; p.50 : Look and Learn ; p.54 : Bridgeman Images ; p.. 58 : Staatliche Kunstsammlungen Dresden ; p.61 : Collection Jonas ; p.63 : Bridgeman Images ; p.64 : Bridgeman Images ; p.65 : Bridgeman Images ; p.67 : British Library Board ; p.69 : Bridgeman Images ; p.70-71 : Bridgeman Images ; p.85 : Bridgeman Images ; p.88 : The Stapleton Collection ; p.95 : Bridgeman Images ; p.97 : Granger

Getty Images
p.37 : Sven Zacek ; p.73 : Heritage Images ; p.89 : Science & Society p.icture Library ; p.121 : Craig Ferguson ; p.128 : Jim Dyson

iStockphoto
p.18 ; p.20 ; p.21 ; p.40 ; p.76 ; p.77 ; p.81 ; p.82 ; p.92 ; p.93 ; p.98 ; p.105 ; p.107 ; p.110. ; p.111 ; p.114 ; p.117 ; p.119 ; p.122 ; p.124 ; p.125 ; p.126 ; p.129 ; p.130

Kharbine-Tapabor
p.26 : Collection NBL ; p.27 : Coll. Bouquig ; p.35 : Collection JEAN VIGNE ; p.56 : Coll. Grob ; p.80 : Collection Kharbine Tapabor ; p.101 : Collection Kharbine Tapabor

RMN-Grand Palais
p.19 : MNAAG, p.aris, Dist. RMN-Grand Palais / Jean-Yves et Nicolas Dubois

Shutterstock
p.115 ; p.120 ; p.123

Hitek.com : p.39

Texte de Nathalie Cousin.

Direction : Guillaume Pô
Direction éditoriale : Élisabeth Pegeon
Édition : Chloé Herbin, Florine Jamroz
Direction artistique : Julie Mathieu
Conception graphique et mise en pages : Stéphanie Boulay
Direction de fabrication : Thierry Dubus
Suivi de fabrication : Sabine Marioni
Photogravure : SNO

ひみつの本棚シリーズ

魅惑の蘭事典
世界のオーキッドと秘密の物語
ISBN:978-4-7661-3422-3

神秘のユニコーン事典
幻獣の伝説と物語
ISBN:978-4-7661-3522-0

禁断の毒草事典
魔女の愛したポイズンハーブの世界
ISBN:978-4-7661-3649-4

月夜の黒猫事典
知られざる歴史とエピソード
ISBN:978-4-7661-3787-3

魔女の秘薬事典
忌々しくも美しい禁断のハーブ
ISBN:978-4-7661-3788-0

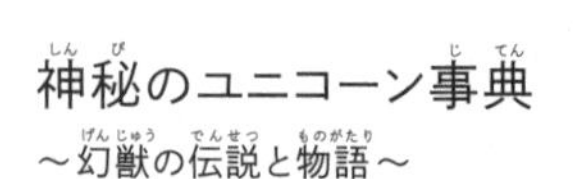

神秘のユニコーン事典
~幻獣の伝説と物語~

2021年7月25日　初版第1刷発行
2024年7月25日　初版第3刷発行

編者　ラスティカ・エディションズ
(©Rustica Éditions)

発行者　津田淳子
発行所　株式会社グラフィック社
〒102-0073
東京都千代田区九段北1-14-17
Phone 03-3263-4318
Fax 03-3263-5297
https://www.graphicsha.co.jp

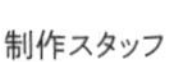

制作スタッフ
翻訳　ダコスタ吉村花子
組版・カバーデザイン　神子澤知弓
編集　金杉沙織
制作・進行　本木貴子(グラフィック社)

ISBN 978-4-7661-3522-0　C0076
Printed in China